Ein neuer Weg ins Chinesisch

Schriftzeichen konzentriert lernen

张朋朋
Zhang Pengpeng　著

集 中 识 字

新编基础汉语
识字篇

Erste Auflage 2007
Erster Nachdruck 2021

Deutsche Übersetzung: Ren Shuyin
Redaktion der deutschen Ausgabe: Ren Shuyin
ISBN 978-7-80200-385-9
Copyright 2007 Beim Sinolingua Co., Ltd, Beijing
Herausgegeben von Sinolingua Co., Ltd
24 Baiwanzhuang Road, Beijing 100037, China
TEL.: (86)10-68320585, 68997826
FAX: (86)10-68997826, 68326333
http//:www.sinolingua.com.cn
E-Mail: hyjx@sinolingua.com.cn
Facebook: www.facebook.com/sinolingua
Druck: Hucais Culture Communication Co., Ltd

Druck in der Volksrepublik China

目　录

Inhalt

前　言

　　对于外国人来说，学习和掌握汉语和汉字并不是一件非常困难的事情。过去，人们之所以不这样认为，主要是和教授这种语言和文字的方法不当有关。

　　过去，教授汉语和汉字一般是采用"语文一体"的方法，即"口语"和"文字"的教学同步进行。这种方法和教授英、法语等使用拼音文字的语言是一样的。本人认为："语文一体"的方法对于教授拼音文字的语言是合理和有效的，但用于教授汉语、汉字是不合适的，这是使外国人对学习汉语产生畏难情绪的主要原因。

　　一、汉字不是拼音文字。汉字是一种从象形文字发展而来的表意文字。汉字的形体不表示汉语的语音。因此，如果采用"语文一体"的方法，口语的内容用汉字来书写，将不利于学习者学习口语的发音，使汉字成为了他们学习口语的"绊脚石"。

　　二、汉字的字形是一个以一定数量的构件按照一定的规则进行组合的系统。因此，教学上，应先教这一定数量的构件及组合规则，然后再教由这些构件所组合的汉字。可是，"语文一体"的教法必然形成"文从语"的教学体系。也就是说，学什么话，教什么字。这种教法，汉字出现的顺序杂乱无章，体现不出汉字字形教学的系统性和规律性，从而大大增加了汉字教学的难度。

　　三、汉字具有构词性，有限的汉字构成了无限的词。"词"是由"字"构成的，知道了字音可以读出词音，知道了字义便于理解词义，"字"学的越多，会念的"词"就越多，学习"词"就越容易。也就是说，"识字量"决定了"识词量"。因此，汉语书面阅读教学应该以汉字作为教学的基本单位，应该把提高学习者的"识字量"作为教学的主要目标。"文从语"的做法恰恰是不可能做到这一点。因为，教材的编写从口语教学的要求和原则来考虑，自然要以"词"作为教学的基本单位。由于口语中能独立运用的最小的造句单位是"词"，所以在教"中国"一词时，必然只介绍"China"这一词义，而不会介绍"中"和"国"两个字的字义。中国语文教学历来是以"识字量"作为衡量一个人书面阅读能力强弱的标准，而"语文一体"这种教法等于是取消了汉字教学，从而大大影响了汉语书面阅读教学的效率。

　　综上所述，如果根据汉语和汉字的特点来对外国人进行基础汉语教学，在总体设计上就不应该采用"语文一体"的模式。我认为应该遵循以下几个原则来设计：

● 教学初期把"语"和"文"分开。

　　实现的方法是：口语教学主要借助汉语拼音来进行，对汉字不做要求。这样，使汉字不成其为"绊脚石"，使口语教学将变得极为容易。汉字教学另编教材，先进行汉字的字形教学，教材的内容从基本笔画入手，以部首为纲，以构件组合为核心。汉字字形教学和口语教学并行，这样，既有利于口语教学，又使汉字的字形教学具有了系统性和规律性。系统而有规律地进行汉字教学不仅可以大大降低学习的难度，而且从一开始就给了学习者一把开启神秘汉字大门的钥匙，这对他们是受益无穷的。

● 先进行口语教学和汉字字形教学，后进行识字阅读教学。

也就是说，对汉字的认读教学不要在初期阶段进行，而应安排在进行了一段口语和在结束了汉字字形教学之后。因为，具有了口语能力和书写汉字的技能对识字教学有促进作用，从而可以使学习者较为轻轻地跨越"识字"这第二道"门槛"。

● 阅读教学应以识字教学打头，采用独特的识字教学法。

"识字教学"和"写字教学"一样也是汉语教学中所独有的教学环节，应该根据汉字的特点编写适合外国人使用的识字课本。识字课本应以"字"作为教学的基本单位，以"以字组词"为核心，以快速提高学生的识字量和阅读能力为教学目标。

● 识字教学要和口语教学、阅读教学相结合。

具体做法是用所识的字和词编写口语对话体课文和叙述体散文作为这一阶段教材的内容。这一阶段的教学在程序上是一环扣一环的，在练习方式上是一种有听、有说、有读、有写的综合式教学。

上述总体设计图示：

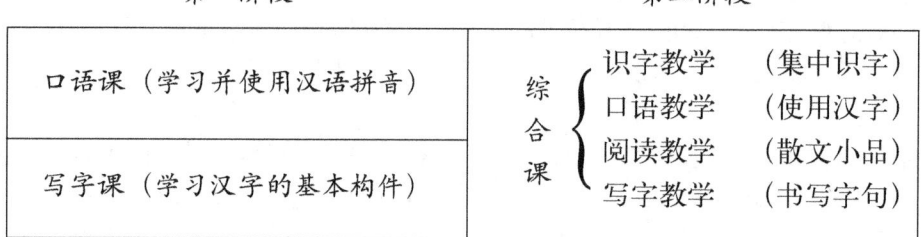

根据上述原则，本人编写了一套基础汉语教程。本教程包括三本教材：
一是口语篇，书名是《口语速成》。此书用于口语课。
二是写字篇，书名是《常用汉字部首》。此书用于写字课。
三是识字篇，书名是《集中识字》。此书用于综合课。

使用这套教材，初学者先学习《口语速成》和《常用汉字部首》，学完之后再学习《集中识字》，就像吃西餐一样，一道菜一道菜来，循序渐进。这样，学习者不仅不会觉得汉语难学，而且还会被汉字的文化内涵和艺术魅力所深深吸引。

张朋朋

Vorwort

Für Ausländer ist das Lernen bzw. Beherrschen der chinesischen Sprache und Schriftzeichen eigentlich nicht allzu schwer. Man ist deshalb anderer Meinung, weil in erster Linie keine richtigen Methoden für die Unterrichtserteilung dieser Sprache mit dem für dieser Schrift angewandt werden.

Es ist üblich, dass beim Unterricht die Umgangssprache und die Schriftzeichen simultan behandelt werden. Das heißt nämlich, dass der Unterricht für das Sprechen mit dom fur das Schreiben den Schritt hält. Diese Lehrmethode ist mit der für die westlichen Sprachen wie Englisch und Französisch identisch, die durch ein phonetisches System und Alphabeten für die Aussprache gekennzeichnet sind. Jedoch ist dies nicht der beste Weg für das Lernen der chinesischen Sprache und Schriftzeichen. Diese Praxis hat es zur Folge, dass manche Ausländer vor Studium der chinesischen Sprache und Schriftzeichen Angst haben. Dabei gibt es drei wichtige Gründe:

1. Die chinesischen Schriftzeichen sind keine Buchstaben und haben sich von Bilderschriftzeichen zu Begriffszeichen entwickelt, die keine Aufschlüsse über die Aussprache geben. Werden die Sprache und die Schriftzeichen in einen Topf geworfen, stehen Schriftzeichen im Wege beim Studium der Aussprache.

2. Die chinesischen Schriftzeichen bestehen aus Bausteinen, die nach bestimmten Regeln zusammengefügt werden. Die Anfänger sollen deshalb über eine gewisse Menge von Bausteinen und Regeln unterrichtet werden, um sich dann über Schriftzeichen, die mit diesen Bausteinen gemäß den Regeln gebildet werden, zu informieren. Jedoch führt die Lehrmethode, nach der die Sprache und die Schriftzeichen ohne Unterschied behandelt werden, dazu, dass die Schrift der Sprache folgt. Das heißt, nur die Schriftzeichen werden gelernt, die gerade gesprochen werden. Schriftzeichen kommen dann ohne jeglichen Zusammenhang vor, das System und die Regelmäßigkeit der Schriftzeichen sind nicht mehr zu erkennen, das Lernen von chinesischen Schriftzeichen scheint schwieriger zu sein, als es tatsächlich sein sollte.

3. Chinesische Schriftzeichen sind Bausteine für gelesene Texte. Mit einzelnen Schriftzeichen können ein- oder mehrsilbigen Wörter gebildet werden. Die Wortkombinationen, deren Bedeutungen mit mehr oder wenigen Schriftzeichen geändert oder erweitert werden können, sind unerschöpfbar. Kennt man die Aussprache einiger Schriftzeichen, ist zu erwarten, dass man die Wörter, die mit diesen Schriftzeichen gebildet werden, ebenfalls aussprechen kann. Kennt man mehr Schriftzeichen, kann man mehr Wörter lesen und leichter neue Wörter beherrschen. Die Anzahl der beherrschten Schriftzeichen ist nämlich entscheidend für die Anzahl der beherrschten Wörter. Das Lernen chinesischer Schriftzeichen zielt vor allem darauf ab, die Schriftzeichen-Erkennung zu verbessern.

Auf jeden Fall ist es nicht möglich, mit „Sprechen-vor-Schreiben-Verfahren" dieses Ziel zu erreichen. Wird großer Wert auf die Umgangssprache gelegt, werden natürlich Wörter anstatt Schriftzeichen als die Basis betrachtet, weil das Wort die kleinste Einheit eines Satzes ist. Wenn man z. B.: das Wort 中国 lernt, versteht man unter diesem Wort immer „China". Die Bedeutungen der zwei einzelnen Schriftzeichen 中 „Mitte" und 国 „Staat", aus denen das Wort besteht, werden dabei jedoch ignoriert. Beim traditionellen Chinesisch-Unterricht ist immer die Zahl der beherrschten Schriftzeichen der entscheidende Maßstab, an dem die Lesefähigkeit eines Lernenden zu messen ist. Die Lehrmethode, die Umgangssprache und die Schriftzeichen in einen Topf zu werfen, heißt, auf Schriftzeichen zu verzichten, was zu einer enormen Beeinträchtigung der Lesefähigkeit führt.

Alles in allem soll das Grundchinesisch den Ausländern gemäß den Besonderheiten des Chinesisch und der chinesischen Schriftzeichen beigebracht werden. Das Modell, die Umgangssprache und die Schriftzeichen simultan beizubringen, ist meiner Meinung nach unangebracht. Hingegen soll der Unterricht wie folgt gestaltet werden:

● Im Anfangsstadium gilt die Trennung der Umgangssprache und der Schriftzeichen

Die Umgangssprache wird vor allem per Pinyin-Umschrift gelernt. Dabei wird nicht angefordert, wie viel Schriftzeichen man lernen muss. Dadurch kann man sich ganz auf das Sprechen konzentrieren, und man lernt ganz leicht die Umgangssprache.

Für Schriftzeichen werden andere Lehrstoffe bearbeitet. In erster Linie werden die Lernenden mit Schriftbildern vertraut gemacht, wobei mit der grundlegenden Strichführung angefangen wird und die Radikale als Leitfaden betrachtet werden. Der Unterricht für Schriftbilder und für die Sprache werden getrennt durchgeführt. Man lernt einerseits konzentriert die Umgangssprache, und andererseits können die Schriftzeichen regelmäßig und systematisch gelernt werden. Sie stellen einander nicht mehr Hemmschuh dar. Diese Lehrmethode trägt dazu bei, dass der Schwierigkeitsgrad des Chinesisch-Studiums erheblich reduziert wird. Noch wichtiger ist, dass dem Lernenden von Anfang an ein Schlüssel in die Hand überreicht wird, mit dem er das Tor der geheimnisvollen chinesischen Schriftzeichen öffnen kann.

● Das Lernen der Umgangssprache und der Schriftbilder geht vor. Danach werden die Schriftzeichen gelernt und gelesen.

Das heißt, im Anfangsstadium konzentriert man sich nur auf die Umgangssprache. Erst danach fängt man an, chinesische Schriftzeichen zu kennen und zu lesen. Denn unter Vorraussetzung, dass man etwas sprechen kann und Grundbausteine kennen gelernt hat, überschreitet man leichter die zweite Torschwelle „Schriftzeichen-Erkennung".

● Der Unterricht für das Lesen soll mit Schriftzeichen-Erkennung angefangen werden. Dafür wird eine spezielle Lehrmethode eingesetzt.

Die Schriftzeichen-Erkennung und das Schreiben von Schriftzeichen sind einzelne Kettenglieder dieser Lehrmethode. Der Lehrstoff dazu muss den Eigenschaften der chinesischen Schriftzeichen entsprechend verfasst und auf Bedürfnisse von ausländischen Anfängern zugeschnitten sein. Die einzelnen Schriftzeichen werden als die kleinsten Grundbausteine und die Zusammensetzung von Wörtern als Kern betrachtet. Das Ziel liegt darin, die Zahl der beherrschten Schriftzeichen und damit die Lesefähigkeit des Lernenden schnell zu erhöhen.

● Die Schriftzeichen-Erkennung wird mit Übungen der Umgangssprache und Leseübungen verbunden. Zu dem Inhalt des Lehrstoffs gehören Dialoge und erzählende Texte, wobei die gelernten Schriftzeichen und Wörter gebraucht werden. Die Texte sind kurz, lassen sich leicht lesen und lernen. Die Übungen schließen Hören, Sprechen, Lesen und Schreiben ein, die miteinander dicht verbunden und sich einander ergänzen.

Erste Stufe	Zweite Stufe
Sprachkurs (lernt man Pinyin kennen)	Allgemeiner Kurs Schriftzeichen-Erkennung (Intensiver Schriftzeichenkurs) Umgangssprache (Schriftzeichen-Anwendung) Lesen (Erzählen und Prosa) Schreiben (Schriftzeichen und Sätze)
Schreibkurs (lernt man die Grundbausteine der chinesischen Schriftzeichen kennen)	

Auf der Basis der oben aufgeführten Prinzipien habe ich einen Lehrstoff verfasst, der aus drei Büchern besteht:

Intensiver Sprachkurs (für Unterricht der Umgangssprache)

Dieses Buch hat 40 Lektionen mit rund 1000 meist gebrauchten Wörtern und zahlreichen grammatischen Erläuterungen.

Die meist gebrauchten chinesischen Radikale

Dieses Buch enthält eine Einführung über 100 chinesische Radikale und die Grundbausteine der chinesischen Schriftzeichen.

Das vorliegende Buch enthält 750 meist gebrauchte Schriftzeichen und 1300 Wörter, die 25 kurze Sätze, 25 Dialoge und 4 erzählende Texte bilden.

Anfänger, die *Intensiver Sprachkurs* und *Die meist gebrauchten chinesischen Radikale* gelernt haben, sollen erst mit *Schriftzeichen konzentriert lernen* beginnen, um sich Schritt für Schritt mit Chinesisch vertraut zu machen. Dabei empfindet man nicht, dass die chinesische Sprache so schwierig sei. Stattdessen wird man von Chinesisch und der chinesischen Kultur fasziniert.

Zhang Pengpeng

编 写 体 例

本书是以识字为主要目的，是在基础汉语教学阶段后期使用的综合性教材。

本书由五部分组成，即识字、组词、口语、写字和阅读。

一、 识字部分

本书以识字教学打头，每课的首页是识字部分，采用的是集中识字的方法，其设计是一课让学生识30个字。全书25课，共识字750个。识字部分在编写上遵循了以下五条原则：

● 连字成句。

因为30个孤立的汉字，学生很难记住，故本书每课用30个汉字编写一个句子。

● 句子含汉字量大，但又要短小。

因为汉字认读困难，记忆字音难，字音必须通过多次反复的认读才能记住，所以句子短小有利于学习者反复认读和背诵，使他们在最少的时间里可以获得最多的重复认读的次数。为了做到这一点，本书在编写短句时尽量不重复或少重复用字。

● 句子的内容贴近日常口语。

有关研究证明：学习者在口语中说过的字（词）感知和发音就比较容易。识字教学安排在进行了一段口语教学后，如果识字短句的内容贴近口语将有利于学习者记忆字音。

● 既介绍词音、词义，又介绍字音、字义。

对每个短句中所出现的字以及由字组成的词都要注明字音、字义和词音、词义。

● 使用常用字。

本书所选用的汉字尽可能是使用频率高和构词能力强的常用字。

二、 组词部分

在识字的基础上用字组词。每课第二页的左侧是组词部分。一课出新组的词30个，尽可能是常用词。

三、 口语部分

每课第二页的右侧是口语部分。口语课文围绕日常生活交际的内容来编写，并且用上所新学的词语。这部分内容要让学习者朗读，也可以进行口语会话练习。

四、 写字部分

通过第一阶段的写字教学，学习者已经具有了书写汉字的能力，所以在第二阶段最重要的是将所教授的汉字清晰地展现给学生，为此，本书在每课的第二页的底部把本课所教的新汉字用大号字体排出，以便学习者摩写。

五、 阅读部分

从第十课起，每隔几课后有一篇叙述体短文。其目的，一是复习巩固所识的汉字，二是由识字教学逐渐过渡到短文阅读教学，这也是识字教学的最终目标。

本书每课中的30个生字、短句、组词和口语部分均配有音频文件（可于网络下载）。每课的繁体字短句和语法注释以及书后的短句德文翻译，教学中可根据学习者的情况酌情使用。

An die Leser

Das vorliegende Buch zielt hauptsächlich darauf ab, Chinesisch lesen zu lernen, und ist ein umfassendes Lehrbuch für die Lernenden, die den Grundkurs für Chinesisch in der letzten Phase lernen. Das Lehrbuch besteht aus fünf Teilen: Lernen von Schriftzeichen, Wortbildung, Umgangssprache, Schreiben von Schriftzeichen und Lektüre.

1. Lernen von Schriftzeichen

Die Texte beginnen mit dem konzentrierten Lernen von Schriftzeichen: Die Lernenden können in jeder Lektion 30 neue Schriftzeichen zu lesen lernen, durch die 25 Lektionen können sie insgesamt 750 Schriftzeichen beherrschen. In diesem Teil werden die folgenden Prinzipien für die Verfassung verfolgt:

• Mit Schriftzeichen werden Sätze gebildet.

Es fällt einem Lernenden relativ schwer, sich 30 allein stehende Schriftzeichen zu merken. So wird in jeder Lektion mit 30 Schriftzeichen ein Satz gebildet.

• Sätze sind kurz, enthalten aber möglich viele Schriftzeichen.

Die chinesischen Schriftzeichen sind schwer zu lesen und auszusprechen, erst durch wiederholtes Lesen kann man den Ton eines Schriftzeichens beherrschen. So können kurze Sätze dazu beitragen, dass die Lernenden sie wiederholt lesen und auswendig lernen, damit sie in einer möglich kurzen Zeit möglichst häufig lesen können. Um dies zu erreichen, sind wir bei der Verfassung der kurzen Sätze bestrebt, das Vorkommen der wiederholten Schriftzeichen zu vermeiden oder zu vermindern.

• Der Inhalt der Sätze bezieht sich auf das Alltagsleben.

Betreffende Forschungen haben bewiesen, dass die Schriftzeichen oder Wörter, die man in der Umgangssprache gesprochen hat, leichter zu begreifen und auszusprechen sind. Wenn der Inhalt der Sätze dem, was man im Alltagsleben spricht, ähnlich ist, sind die Töne dann leicht zu beherrschen.

• Die Aussprache und Bedeutung der Schriftzeichen und der Wörter werden gleichzeitig behandelt.

Die Aussprache und die Bedeutung der Schriftzeichen in den kurzen Sätzen sowie der von den Schriftzeichen gebildeten Wörter werden alles angegeben.

• Nur häufig gebräuchliche Schriftzeichen werden gewählt.

Die für dieses Buch gewählten Schriftzeichen sind Alltagswörter, die am häufigsten gebraucht sind und ein großes Vermögen zur Wortbildung aufweisen.

2. Wortbildung

Auf der Grundlage der gelernten Schriftzeichen werden Wörter gebildet. Links der zweiten Seite jeder Lektion sind Wortgruppen eingeführt, die häufig gebräuchliche Wörter sind.

3. Umgangssprache

Rechts der zweiten Seite jeder Lektion ist der umgangssprachliche Teil. Der Text bezieht sich auf die alltägliche Kommunikation und wird durch die gelernten neuen Schriftzeichen zusammengestellt. Diesen Teil kann ein Lernender laut lesen oder für die Übung zur Konversation verwenden.

4. Schreiben von Schriftzeichen

Da die Lernenden sich die Fähigkeit, chinesische Schriftzeichen zu schreiben, durch den Unterricht in der ersten Phase erworben haben, ist es in der zweiten Phase von größter Bedeutung, ihnen die zu lernenden Schriftzeichen klar vor Augen zu führen. Zu diesem Zweck sind diese am untersten Teil der zweiten Seite jeder Lektion vergrößert nachgedruckt, damit die Lernenden sie abkopieren und üben können.

5. Lektüre

Von Lektion 10 an gibt es nach einigen Lektionen einen kurzen Artikel, mit dem Ziel, die bereits gelernten Schriftzeichen zu wiederholen und vom Kennen zum Lesen und zur Lektüre überzugehen, was auch das endgültige Ziel unseres Unterrichts darstellt.

Die 30 neu eingeführten Schriftzeichen, die kurzen Sätze, die Wortbildung sowie der umgangssprachliche Teil jeder Lektion sind alles mit Audiodateien zum Download verfügbar. Das vorliegende Buch verfügt in jeder Lektion auch über die Sätze in unvereinfachter Form der Schriftzeichen und die grammatischen Erläuterungen in Chinesisch und Deutsch sowie am Ende des Buches über die deutsche Übersetzung der konstruierten Sätze, und man kann sie je nach Bedarf verwenden.

【750常用字】

啊矮爱安八吧把爸白百摆班般办半伴帮包报抱杯北备被本比笔必毕边
变表别冰并病播不步部才材菜参餐操查茶察差长常厂场唱超朝炒车晨
成城吃持出除楚处穿传窗春词次从村存错答打大代带单但当导倒到道
得的等低地弟第典点电店定丢东冬懂动都读肚度锻队对多饿儿而二发
法翻烦反饭方房访放飞非分份风封否夫服福父妇负附傅该干感刚钢高
搞告哥歌格个各给根跟更工公功共够姑古瓜刮挂怪关观馆惯广贵国果
过孩海害寒汉航好号喝合何和河黑很红后候呼忽胡虎互户护花滑化画
话欢还黄灰回会婚活火伙或机积绩级极集几计记纪际季既继寄加家架
假嫁间检简见件健江将讲交角脚叫较教街节结姐解介界借今斤金近进
京经晴精净静究九酒旧就居局橘举句据决绝觉军开看康考科棵可渴克
刻客课空口裤块快困啦来蓝览懒老乐累冷离礼李里理力立丽利例俩连
联脸练炼凉两亮了林零龄另流留六楼路旅绿乱论妈麻马吗买卖满慢忙
毛冒貌么没每美妹门们迷米密棉面民名明模末某母目拿哪那男南难呢
内能你年念娘您农女怕排牌盘旁跑朋皮啤片偏漂票品平瓶扑七期齐其
奇骑棋起气汽千前钱浅墙且切亲青轻清情晴请秋求球区曲去趣全却确
然让热人认日容肉如赛三嫂色沙山商上烧少绍舍社身深神生声省师诗
十什时识实食使始世市示式事视试室是适收手首瘦书叔舒熟属术树数
双谁水睡说丝司思死四送诉素宿算岁所他她它台太堂躺套特疼踢提题
体天添条跳贴铁厅听庭停挺通同统头图腿退托外完玩晚碗王忘望为围
未位温文闻问我握屋五午舞务物西希息悉习喜系细下夏先显县现相香
想向象像小校笑些鞋写谢心新信兴星行姓幸性休需许续选学雪严言研
颜眼演验羊样药要也业夜一衣医已以椅艺议译易意因阴音应英营影映
永泳用邮油游友有又右于鱼与雨语育预遇员园圆远院约月越云运杂再
在咱早则择怎增展站张招着找照者这真整正证之支知直职只址志致中
钟种重周主住助注祝著专转装准桌子字自总走租足祖最昨左作坐座做

识字二十五句

01　我女朋友是一九六七年五月二十八号出生的，今年三十四岁，这个星期天是她的生日。

02　王先生是一位非常有经验的男老师，在北京大学工作，他专教留学生学习现代汉语和书法。

03　如果你不知道咱们学校食堂和餐厅服务员叫什么名字，就可以问她们："小姐，您贵姓？"

04　中国熟悉的人见面打招呼和在街上遇见的时候不怎么爱说："你好！"最喜欢问："你上哪儿去啊？""吃饭了吗？"

05　从明天开始，每天早上七点一刻我都要骑自行车到教室上课，练发音、念课文、记单词、听写汉字、回答问题。

06　后天下午差五分钟四点，她也准备再跟班上的几个同学一起坐出租汽车和地铁去"新世界"商店买些生活用品。

07　半公斤水果、一双皮鞋、两支钢笔，三本杂志、四条棉毛裤、五件运动衣、六张导游图，共一千三百块。

08　昨晚我们俩又饿又渴，要了份鱼香肉丝、一盘素炒空心菜、一个冷盘儿、两碗米饭，喝了两杯热茶、五瓶啤酒，花了不少钱。

09　林叔叔家人口真多，有爸爸、妈妈、哥哥、嫂子、弟弟和妹妹。另外，他祖父母呢，以前是军队干部，已经退休很长时间了。

10　这孩子挺有抱负，属羊，大学还没毕业，数理化考试各门功课成绩都不错，将来想搞自然科学，当研究员。

11　通过新闻记者介绍，我认识了那位漂亮文静的山东姑娘，她是旅行社翻译，能读懂几句古诗，英语说得很流利。

12　上海电视台节目主持人，细高个儿，瘦长腿，瓜子脸，眼睛美丽迷人，谁都说够精神的，简直像影片中的模特儿。

13 超级市场上卖的妇女服装有红的、白的、黑的、绿的、橘黄、深蓝和浅灰色的，选择穿什么颜色和式样反映了人的性格和需求。

14 中国人表示礼貌的方式与西方人区别确实比较明显，例如：关系密切或亲近的人之间互相帮助的时候，不必总说："谢谢！"

15 根据我的观察，在村子里居住的农民有种传统习惯，收到来访客人送的礼物以后一般不打开看，否则会让人笑话和被人议论。

16 我感冒了，发烧，肚子不舒服，头疼死了。省立医院大夫给我检查后讲："是着凉，别害怕，病不太严重，注意休息，吃些药吧。"

17 因为他积极参加体育锻炼，冬天滑冰，夏天去河里游泳，春秋两季踢足球、打排球、进行比赛，所以身体越来越健康。

18 刚才广播气象预报：寒流快到了，明晨有雨加雪，风向偏南，最低温度零下五度。夜间阴转晴，多云，刮北风，风力变小约四级。

19 某计算机公司离首都展览馆很远，在圆明园附近，周围有许多棵树，正对面有一座楼房，旁边是火车站和存车处。

20 宿舍内挺干净，屋子墙上挂满了著名的油画，桌上有本旧语言学词典，两把躺椅摆得很整齐，窗户旁的书架上放着一套胡适全集。

21 邮局营业员觉得他的航空信封写得不但奇怪，而且使人看不清楚，告诉他，右下角应该只写寄信人地址，左边绝不能乱贴纪念邮票。

22 在金沙江飞机场托运完行李，继续朝前走，忽然她停住脚步，第一次握着我的手轻声说："希望你永远幸福！祝你一路平安！"

23 何师傅做事马虎，丢这忘那，请他把手提包里的护照和借书证带来，结果，他却把其它（他）东西拿来啦，等于是帮倒忙，增添麻烦。

24 连县城工厂的大龄未婚青年慢慢也了解了：决定找个既有意思又不累的职业并不容易，嫁个身材不矮、兴趣一致的有情人更困难。

25 假日他除了睡懒觉，还常去跑步，做艺术体操，演唱歌曲，跳交际舞，玩儿扑克牌，下象棋，或者联合小伙伴举办周末家庭音乐会。

1	一	yī	*eins*			
2	二	èr	*zwei*			
3	三	sān	*drei*			
4	四	sì	*vier*			
5	五	wǔ	*fünf*	五月	wǔ yuè	*Mai*
6	六	liù	*sechs*	二十六	èrshíliù	*sechsundzwanzig*
7	七	qī	*sieben*	七月	qī yuè	*Juli*
8	八	bā	*acht*	二十八	èrshíbā	*achtundzwanzig*
9	九	jiǔ	*neun*			
10	十	shí	*zehn*	三十四	sānshísì	*vierunddreißig*
11	我	wǒ	*ich*			
12	女	nǚ	*Frau, Tochter; weiblich*	女朋友	nǚpéngyou	*Freundin*
13	朋	péng	*Freund*			
14	友	yǒu	*Freund*	朋友	péngyou	*Freund*
15	是	shì	*sein, ist, sind*			
16	年	nián	*Jahr*	一九五八年	yī jiǔ wǔ bā nián	*Jahr 1958*
17	月	yuè	*Monat, Mond*			
18	号[號]	hào	*Nummer, Datum, Marke*			
19	出	chū	*ausgehen*			
20	生	shēng	*gebären, wachsen; Leben; roh*	出生	chūshēng	*geboren sein*
21	的	de	*(Strukturpartikel)*			
22	今	jīn	*heute, nun*	今年	jīnnián	*dieses Jahr*
23	岁[歲]	suì	*Jahr, Lebensjahr*			
24	这[這]	zhè	*dies*			
25	个[個]	gè	*(Zählwort)*			
26	星	xīng	*Stern, Star*			
27	期	qī	*Zeitperiode, Phase*	星期	xīngqī	*Woche*
28	天	tiān	*Tag, Himmel*	星期天	xīngqītiān	*Sonntag*
29	她	tā	*sie*	她的	tā de	*ihr*
30	日	rì	*Tag, Sonne*	生日	shēngrì	*Geburtstag*

短 我女朋友是一九六七年五月二十八号出生的，今年三十四岁，
句 这个星期天是她的生日。

Wǒ nǚpéngyou shì yī jiǔ liù qī nián wǔ yuè èrshíbā hào chūshēng de, jīnnián sānshísì suì, zhè gè xīngqītiān shì tā de shēngrì.

繁 我女朋友是一九六七年五月二十八號出生的，今年三十四歲，
體 這個星期天是她的生日。

组 词	
四十	vierzig
五十	fünfzig
六十	sechzig
七十	siebzig
八十	achtzig
九十	neunzig
一月	Januar
二月	Februar
三月	März
四月	April
五月	Mai
六月	Juni
七月	Juli
八月	August
九月	September
十月	Oktober
十一月	November
十二月	Dezember
星期一	Montag
星期二	Dienstag
星期三	Mittwoch
星期四	Donnerstag
星期五	Freitag
星期六	Sonnabend,
	Samstag
星期日	Sonntag
日期	Datum
今天	heute
天天	täglich
月月	monatlich
年年	jährlich
我的	mein
一个月	ein Monat
三年	drei Jahre

口 语

（一）

今天星期一。

今天五月二十七号。

今年是一九八九年。

四月十七号是星期日。

五月四号是我的生日。

我女朋友的生日是八月六号。

星期天是她朋友的生日。

我的生日是这个星期六。

这个月是十二月。

这个星期三是我的生日。

这是她的出生日期。

这是她的朋友。

她是女的。

她是我的女朋友。

她是我的朋友。

我是一九四七年出生的。

（二）

今天是我朋友的生日，她今年四十六岁。她是一九五四年八月十三号出生的。我今年五十九岁。我的出生日期是一九四一年十二月十七日。

一	二	三	四	五	六	七	八	九	十
我	女	朋	友	是	年	月	号	出	生
的	今	岁	这	个	星	期	天	她	日

● 日期表达的顺序是：年、月、日、星期。如：

Das Datum wird in der folgenden Reihenfolge geschrieben: Jahr, Monat, Tag und Wochentag, z. B.:

一九七八年六月二十六号星期一

● 名词或代词作定语表示领属，后面一般要用结构助词"的"。中心语如果是表示亲属或某些人与人的关系的名词时，"的"可以省略。如：

Wenn ein Substantiv oder ein Pronomen als Attribut eine Zugehörigkeit ausdrückt, wird dahinter gewöhnlich die Strukturpartikel 的 gebraucht. Wenn das zentrale Wort ein Substantiv für menschliche Beziehungen ist, kann 的 ausgelassen werden, z. B.:

N 　的　 N

我　的　朋友　＝　我朋友

她　的　朋友　＝　她朋友

我朋友　的　生日

● 由名词或名词结构、数量词等直接作谓语的句子叫名词谓语句。这种句子一般不用动词"是"。如：

Ein Satz, in dem ein Substantiv, eine substantivische Konstruktion oder ein Zahl- und Zählwort als Prädikat dient, wird Satz mit einem substantivischen Prädikat genannt. Im Satz dieser Art wird das Verb 是 in der Regel nicht gebraucht, z. B.:

S 　　　N

今年　三十四岁。

今天　星期一。

今天　五月六号。

● "是……的"结构强调已经发生动作的时间、地点、方式等。"是"在所要强调的部分之前（有时"是"可省略），"的"在动词后或句尾。如：

Die Konstruktion 是 ... 的 wird gebraucht, um die Zeit, den Ort sowie die Art und Weise der bereits vollendeten Handlung zu betonen. 是 steht vor dem betonten Teil und kann manchmal ausgelassen werden, während 的 hinter dem Verb oder am Ende des Satzes steht, z. B.:

S 　是　 Z 　　　V 　的

我朋友　是　一九九三年　出生　的。

● 指示代词"这"作定语时，名词前要用量词。如：

Wenn das Demonstrativpronomen 这 als Attribut dient, muss das Substantiv ein Zählwort vor sich haben, z. B.:

这个月

这个星期天

● **选择正确的位置**　Eine richtige Stellung wählen:

1. A 我 B 一九七八年 C 八月十号 D 出生的。

是（　　）

2. A 四月 B 是我朋友 C 的生日 D。

五号（　　）

3. 这个 A 星期三是我 B 女 C 朋友 D 生日。

的（　　）

● **选择正确的答案**　Eine richtige Antwort wählen:

1. 今年是二〇一四年，我是一九九二年出生的。我今年 _____ 岁。

A. 二十

B. 二十三

C. 十八

D. 二十二

2. 今天是五月三号，星期二。五月八号是星期 _____。

A. 五

B. 六

C. 天

D. 四

3. 她是一九五一年出生的，今年四十五岁。今年是 _____。

A. 一九九五年

B. 一九九六年

C. 一九九七年

D. 一九九八年

【识字二】

1	王	wáng	(Vorname); König			
2	先	xiān	vor; zuerst; früher	先生	xiānsheng	Herr
3	位	wèi	(Zählwort); Platz			
4	非	fēi	nicht; un-; (Abkürzung für Afrika)			
5	常	cháng	oft; ständig	非常	fēicháng	sehr
6	有	yǒu	haben; es gibt			
7	经[經]	jīng	durch; passieren			
8	验[驗]	yàn	prüfen	经验	jīngyàn	Erfahrung
9	男	nán	Mann; männlich			
10	老	lǎo	alt; immer			
11	师[師]	shī	Lehrer, Meister	老师	lǎoshī	Lehrer
12	在	zài	sein; in, bei			
13	北	běi	Norden; nördlich			
14	京	jīng	Hauptstadt; (Abk. für Beijing)	北京	Běijīng	Beijing
15	大	dà	groß; ältest	大学	dàxué	Universität
16	学[學]	xué	lernen, studieren	留学	liúxué	im Ausland studieren
17	工	gōng	Arbeit, Arbeiter; arbeiten			
18	作	zuò	machen, tun	工作	gōngzuò	arbeiten; Arbeit, Beruf
19	他	tā	er			
20	专[專]	zhuān	spezial, speziell			
21	教	jiāo	lehren			
		jiào	unterrichten; Religion	教师	jiàoshī	Lehrer
22	留	liú	bleiben, behalten, akzeptieren, lassen	留学生	liúxuéshēng	Auslandsstudent
23	习[習]	xí	Gewohnheit, Übung	学习	xuéxí	studieren, lernen
24	现[現]	xiàn	jetzt; erscheinen			
25	代	dài	Generation, Dynastie, Periode	现代	xiàndài	gegenwärtig, modern; Neuzeit
26	汉[漢]	hàn	Han-Nationalität			
27	语[語]	yǔ	Sprache	汉语	Hànyǔ	chinesische Sprache
28	和	hé	und			
29	书[書]	shū	Buch; schreiben			
30	法	fǎ	Methode, Gesetz	书法	shūfǎ	Kalligraphie

短句 王先生是一位非常有经验的男老师，在北京大学工作，他专教留学生学习现代汉语和书法。

Wáng xiānsheng shì yí wèi fēicháng yǒu jīngyàn de nán lǎoshī, zài Běijīng Dàxué gōngzuò, tā zhuān jiāo liúxuéshēng xuéxí xiàndài Hànyǔ hé shūfǎ.

繁體 王先生是一位非常有經驗的男老師，在北京大學工作，他專教留學生學習現代漢語和書法。

组 词	
常常	oft
经常	häufig
常年	das ganze Jahr über
老年	alt; Alter
有的	manch
男朋友	Freund
教师	Lehrer
教学	Unterricht
教学法	Didaktik
学生	Student
大学生	大学的学生
师生	老师和学生
学位	akademischer Grad
学年	Schuljahr
学期	Semester
北大	北京大学
师大	pädagogische Hochschule
汉学	Sinologie
汉代	Han-Dynastie
现在	jetzt
他的	sein
老师的	des Lehrers
学生的	des Studenten
做(作)法	Vorgehensweise
语法	Grammatik
法语	Französisch
日语	Japanisch
法语书	Französisches Buch
汉语书	Chinesisches Buch
日语书	Japanisches Buch
一位老师	ein Lehrer
三位朋友	drei Freunde

口 语

（一）

现在我在大学工作，是大学的汉语教师。

一九八五年我在北京留学，是北师大的留学生。我学习现代汉语和汉语教学法。

我有三位老师，一位是王先生，一位是常先生，一位是师先生。王先生是我的汉语老师。他是北师大的一位老教师，他教学非常有经验。常老师专教语法，师老师专教书法。

我的男朋友现在在北京的一个大学工作，他在这个大学教法语。

（二）

王先生是北大的老教师，一九三八年五月二十四号出生，今年五十八岁。今天是他的生日。他是一位非常有经验的法语老师。这个学期他教大三的学生现代法语语法。

王先生的一位老朋友是老年大学的老师，他经常在这个大学教日语。

他的一个学生在师大工作。他有汉语书、法语书和日语书。他天天教留学生现代汉语。现在他有五个男学生，八个女学生。

王	先	位	非	常	有	经	验	男	老
师	在	北	京	大	学	工	作	他	专
教	留	习	现	代	汉	语	和	书	法

● 名词作定语，是说明中心语性质的，一般不用"的"。如：

Modifiziert ein Substantiv ein anderes Substantiv, wird 的 gewöhnlich nicht verwendet, z. B.:

N	N
汉语	教师
现代	汉语

● 形容词结构作定语必须加"的"。如：

Eine adjektivische Konstruktion, die als Attribut dient, muss 的 hinter sich haben, z. B.:

Adj	的	N
有经验	的	老师

● 介词"在"跟它的宾语组成的介词结构，作状语时在动词前。如：

Wenn die Präposition 在 mit ihrem Objekt eine Präpositionskonstruktion bildet, steht diese als Adverbialbestimmung oft vor dem Verb, z. B.:

S	P	O	V	O
他	在	北京大学	工作。	
他	在	师大	教	汉语。

● 兼语句中，前一个动词的宾语是后一个动词的主语。如：

Es gibt eine Art von Satz mit einem verbalen Prädikat, in dem das Objekt des ersten Verbs gleichzeitig das Subjekt des folgenden Verbs ist, z. B.:

S	P	(S)	V	O
他	教	留学生	学习	汉语。

● 在双宾语动词谓语句中，间接宾语在前，直接宾语在后。如：

Manche Verben können zwei Objekte nehmen, ein indirektes Objekt (gewöhnlich eine Person) und ein direktes Objekt (gewöhnlich ein Ding), und das erstere steht vor dem letzteren, z. B.:

S	P	O	O
他	教	留学生	汉语。

● 时间词作状语可放在主语前或谓语动词前。如：

Eine Adverbialbestimmung, die die Zeit der Handlung angibt, kann vor dem Subjekt oder Verb stehen, z. B.:

Z	S	Z	V	O
现在	我		学习	汉语。
	我	今年在北京	留学。	

● **选择正确的位置**　Eine richtige Stellung wählen:

1. 他 A 朋友是一位 B 非常 C 有经验 D 老师。

　　　　　　的（　　　）

2. 王先生 A 北京的 B 一个 C 大学 D 工作。

　　　　　　在（　　　）

3. 常老师教 A 汉语 B 语法 C 和 D 书法。

　　　　留学生（　　　）

4. A 我朋友 B 在北京大学 C 留学 D。

　　　　　现在（　　　）

● **选择正确的答案**　Eine richtige Antwort wählen:

1. 王先生在北师大工作，他教学生学习汉语语法。他是 ＿＿＿＿＿＿＿。

　　A. 老师

　　B. 教师

　　C. 留学生

　　D. 教员

2. 他有八个女学生，七个男学生。他有 ＿＿＿＿＿＿＿ 个学生。

　　A. 十三

　　B. 十二

　　C. 十五

　　D. 十六

3. 他有三个老师，王老师教他汉语语法，常老师教他汉语教学法，师老师教书法。他学习 ＿＿＿＿＿＿＿。

　　A. 法语

　　B. 汉语

　　C. 日语

　　D. 汉学

1	如	rú	wie, so...wie; wenn			
2	果	guǒ	Resultat, Frucht	如果	rúguǒ	wenn
3	你	nǐ	du			
4	不	bù	nicht, nein			
5	知	zhī	wissen, kennen; Kenntnis			
6	道	dào	sagen; Weg, Straße, Taoismus	知道	zhīdào	wissen
7	咱	zán	wir, uns (schließt den Sprecher und den Zuhörer ein)			
8	们[們]	men	(Pluralsuffix für Personen)	咱们	zánmen	wir (beide/alle)
9	校	xiào	Schule	学校	xuéxiào	Schule
10	食	shí	Essen; essen			
11	堂	táng	Halle, Saal	食堂	shítáng	Kantine, Speisesaal
12	餐	cān	Essen, Mahlzeit; essen			
13	厅[廳]	tīng	Halle, Saal	餐厅	cāntīng	Speisesaal
14	服	fú	Kleidung; sich fügen, dienen			
15	务[務]	wù	Angelegenheit; unbedingt	服务	fúwù	dienen
16	员[員]	yuán	Mitarbeiter, Personal	服务员	fúwùyuán	Kellner, Bedienung
17	叫	jiào	rufen, schreien			
18	什	shén				
19	么[麼]	me	(Suffix)	什么	shénme	was, wie
20	名	míng	Name, Titel, Ruf			
21	字	zì	Wort, Schriftzeichen	名字	míngzi	Name
22	就	jiù	dann, sobald, noch, sogar, nur			
23	可	kě	können, mögen, erlauben; aber			
24	以	yǐ	mit, durch, nach; nehmen, betrachten	可以	kěyǐ	können, dürfen; möglich
25	问[問]	wèn	Frage; fragen			
26	小	xiǎo	klein			
27	姐	jiě	ältere Schwester	小姐	xiǎojiě	Fräulein
28	您	nín	Sie			
29	贵[貴]	guì	teuer, wertvoll, vornehm; Adel; Ihr			
30	姓	xìng	Familienname	您贵姓?	Nín guìxìng?	Ihr werter Name?

短句 如果你不知道咱们学校食堂和餐厅服务员叫什么名字，就可以问她们："小姐，您贵姓？"

Rúguǒ nǐ bù zhīdào zánmen xuéxiào shítáng hé cāntīng fúwùyuán jiào shénme míngzi, jiù kěyǐ wèn tāmen: "Xiǎojiě, nín guìxìng?"

繁體 如果你不知道咱們學校食堂和餐廳服務員叫什麼名字，就可以問她們："小姐，您貴姓？"

组　词	口　语

组　词	
不是	nicht sein
不教	nicht unterrichten
不学	nicht lernen
不学习	nicht studieren
不问	nicht fragen
不如	nicht so gut wie
不工作	nicht arbeiten
我们	wir, uns
你们	ihr, euch
他们	sie
她们	sie (weiblich)
老师们	(die) Lehrer
学生们	(die) Studenten
朋友们	(die) Freunde
教员	Lehrer
教堂	Kirche
道教	Taoismus
有名	bekannt
知名	namenhaft
姓名	voller Name
汉字	chinesisches Schriftzeichen
可是	aber
可贵	wertvoll
学问	Kenntnis
有学问	gelehrt
问号	Fragezeichen
小学	Grundschule
小学生	Grundschüler
小朋友	Kinder
大小	Größe
姐姐	ältere Schwester
大姐	älteste Schwester

口　语

（一）

◆ 您贵姓?

◇ 我姓王。

◆ 你叫什么名字?

◇ 我叫王京生。"京"是北京的"京"，"生"是出生的"生"。王京生是我的姓名。

◆ 你是不是在北京出生的?

◇ 是的，我是一九六四年八月在北京出生的。

（二）

◆ 小朋友，你姓什么?

◇ 我姓常，是常常的"常"。我叫常贵如。

◆ 这是不是教堂?

◇ 这不是教堂，这是我们学校的食堂。

◆ 你们在学校学习什么?

◇ 我们在学校学习汉语和书法。

◆ 小学生在小学可以不可以学习法语和日语?

◇ 不可以，在大学可以。在大学有的学生学日语，有的学生学法语。我大姐的一个朋友就在北京大学学习日语。教她们的老师非常有学问。

◆ 你姐姐是不是大学生?

◇ 不是，她是餐厅服务员，在北京的一个非常有名的餐厅工作。

◆ 我知道这个餐厅，可是我不知道你姐姐在这个餐厅工作。

如	果	你	不	知	道	咱	们	校	食
堂	餐	厅	服	务	员	叫	什	么	名
字	就	可	以	问	小	姐	您	贵	姓

- 用疑问代词的疑问句，其词序跟陈述句一样。如：

  Ein Fragesatz mit einem Interrogativpronomen hat die gleiche Wortfolge wie Aussagesatz, z. B.:

  > 你学习什么？
  >
  > 我学习汉语。

- 将谓语中的主要成分（动词或形容词）的肯定形式和否定形式并列起来，就构成了一种疑问句。如：

  Die Nebeneinanderstellung der affirmativen und der negativen Form des Hauptelements des Prädikats (Verb oder Adjektiv) bildet die affirmativ-negative Frage, eine andere Form der Fragesätze, z. B.:

S	V	不	V	O	？

  这　是　不　是　教堂？

  他　姓　不　姓　王？

- 动词、动词结构作定语必须加结构助词"的"。如：

  Dient ein Verb oder eine Verbalkonstruktion als Attribut, muss 的 dahinter gebraucht werden, z. B.:

V	O	的	N

  教　她们的　老师

  学　汉语的　学生

- 形容词可以作谓语，这种句子不用动词"是"。如：

  Ein Adjektiv kann als Prädikat dienen, und man braucht das Verb 是 nicht zu verwenden, z. B.:

S	Adj

  北京大学　非常大。

  王老师　非常有经验。

- 能愿动词"可以"常放在动词前。如：

  Das Hilfsverb 可以 wird oft vor dem Verb gebraucht, z. B.:

S	V	V	O

  我们　可以　学习　汉语。

- 小句作动词"知道"的宾语。如：

  Ein kurzer Satz wird als Objekt des Verbs 知道 verwendet, z. B.:

S	V	(S	V	O)

  我　知道　他　叫　什么名字。

● **选择正确的位置**　Eine richtige Stellung wählen:

1. 教 A 他们 B 汉语 C 老师 D 姓王。

　　　　　　　　　的 （　　　　）

2. 他们 A 是 B 学习 C 汉语 D 留学生。

　　　　　　　　　的 （　　　　）

3. 他朋友 A 是 B 在北京 C 出生 D。

　　　　　　　　　的 （　　　　）

4. 如果你不知道他 A 姓什么，B 可以 C 问 D 他。

　　　　　　　　　就 （　　　　）

● **选择正确的答案**　Eine richtige Antwort wählen:

1. 我朋友是餐厅服务员。她在 _____ 工作。

　　A. 教堂

　　B. 大学

　　C. 食堂

　　D. 学校

2. 王 _____ 在小学教学生书法。

　　A. 教员

　　B. 教师

　　C. 老师

　　D. 先生

3. 他 _____ 在北京工作?

　　A. 是

　　B. 不是

　　C. 是不是

　　D. 不是不

1	中	zhōng	zentral; Mitte			
2	国[國]	guó	Land, Staat	中国	Zhōngguó	China
3	熟	shú	reif, gekocht, vertraut, bekannt			
4	悉	xī	kennen	熟悉	shúxi	vertraut, bekannt, sich auskennen
5	人	rén	Mensch, Volk			
6	见[見]	jiàn	sehen			
7	面	miàn	Gesicht, Fläche, Seite	见面	jiànmiàn	treffen
8	打	dǎ	machen, schlagen, hauen,	打招呼	dǎ zhāohu	grüßen, Bescheid sagen
9	招	zhāo	winken, einstellen			
10	呼	hū	laut rufen, ausatmen	招呼	zhāohu	grüßen, Bescheid sagen
11	街	jiē	Straße			
12	上	shàng	oben, höher; obere; über; steigen	街上	jiē shang	auf der Straße
13	遇	yù	treffen, begegnen	遇见	yùjiàn	treffen, begegnen
14	时[時]	shí	Zeit			
15	候	hòu	Zeit; warten	时候	shíhou	Zeit, Moment
16	怎	zěn	wie	不怎么	bù zěnme	nicht sehr
17	爱[愛]	ài	lieber; lieben			
18	说[說]	shuō	sagen, sprechen			
19	好	hǎo	gut, fein	你好	nǐ hǎo	Guten Tag!
		hào	mögen, lieben			
20	最	zuì	höchst, äußerst, meist-			
21	喜	xǐ	glücklich, freudig			
22	欢[歡]	huān	freudig, fröhlich	喜欢	xǐhuan	mögen, gefallen
23	哪	nǎ	welch			
24	儿[兒]	ér	Kind, Sohn; (Suffix)	哪儿	nǎr	wo, woher, wohin
25	去	qù	gehen			
26	啊	a	(Modalpartikel)			
27	吃	chī	essen			
28	饭[飯]	fàn	Mahlzeit, gekochter Reis			
29	了	le	(Modalpartikel, Aspektpartikel)			
		liǎo	begreifen, beenden			
30	吗[嗎]	ma	(Modalpartikel)			

短句 中国熟悉的人见面打招呼和在街上遇见的时候不怎么爱说："你好！"最喜欢问："你上哪儿去啊？""吃饭了吗？"

Zhōngguó shúxi de rén jiànmiàn dǎ zhāohu hé zài jiē shang yùjiàn de shíhou bù zěnme ài shuō: "Nǐ hǎo!" Zuì xǐhuan wèn: "Nǐ shàng nǎr qù a?" "Chī fàn le ma?"

繁體 中國熟悉的人見面打招呼和在街上遇見的時候不怎麼愛說："你好！"最喜歡問："你上哪兒去啊？""吃飯了嗎？"

组 词		口 语

组 词

中餐	chinesische Küche
中学	Mittelschule
出国	ins Ausland gehen
法国	Frankreich
中年人	40–60岁的人
老人	ältere Leute
好人	guter Mensch
爱人	Ehemann/Ehefrau
熟人	Bekannte(r)
工人	Arbeiter(in)
名人	有名的人
大人	erwachsen
人大	Volkskongress
北面	nördlich
书面语	Schriftsprache
街道	Straße
以上	über, mehr als
小时	Stunde
有时候	manchmal
时代	Zeit, Epoche
小说	Roman, Novelle
怎么	wie, warum
最大	größt
最小	kleinst
爱好	Hobby
可爱	lieblich
好吃	schmackhaft
好学	wissbegierig
去年	letztes Jahr
这儿	hier
问了	gefragt haben
知道了	kennen

口 语

（一）

◆ 小姐，你是哪国人？

◇ 我是法国人。先生，您是法国人吗？

◆ 我不是法国人，我是中国人。

◇ 您是中国哪儿的人？

◆ 我是北京人，我是在北京出生的。

（二）

◆ 你上哪儿去啊？

◇ 我学习去。你吃饭了吗？

◆ 吃了。小王，你是不是这个星期三出国？

◇ 是啊，我去法国留学，现在我去学法语。

◆ 你去哪儿学法语？

◇ 我去一个中学学法语。

（三）

◆ 你喜欢吃什么饭？

◇ 我最喜欢吃中餐。汉语不好学，可是中餐非常好吃。现在法国的中年人和老人爱吃中国饭。

◆ 你爱人喜欢不喜欢吃中国饭？

◇ 有时候，她喜欢吃；有时候，她不怎么喜欢吃。去年在北京的时候，她经常说，学校最大的食堂的饭，有的不怎么熟。星期天她老去北大北面的一个餐厅吃饭。

中	国	熟	悉	人	见	面	打	招	呼
街	上	遇	时	候	怎	爱	说	好	最
喜	欢	哪	儿	去	啊	吃	饭	了	吗

● "……的时候"结构作时间状语时，前面常有动词或主谓结构来修饰。如：

Wenn die Konstruktion mit ... 的时候 als Adverbialbestimmung der Zeit dient, wird sie oft durch ein Verb oder eine Subjekt-Prädikat-Konstruktion vorangestellt wird, z. B.:

S	(V	O	的时候)	T	V	O
中国人	见面	打招呼	的时候	不怎么	爱说："你好！"	

● 在句尾加语气助词"了"表示情况的变化，否定在动词前用"没 méi（有）"，不用"了"。如：

Die Modalpartikel 了 steht am Ende eines Satzes, um eine Änderung des Zustands anzugeben. Die negative Form wird durch 没（有）vor dem Verb gebildet, wobei 了 weggelassen wird, z. B.:

S	(没)	V	O	了。
他		吃	饭	了。
他	没	吃	饭。	

● 在陈述句句尾加语气助词"吗"，就成了一般疑问句。如：

Wird die Interrogativpartikel 吗 am Ende eines Aussagesatzes hinzugefügt, wird daraus ein Fragesatz, z. B.:

S	V	O	吗？
你	是	法国人	吗？
我	是	法国人。	

● 有一种动词谓语句是几个动词共用一个主语。如：

Zwei oder mehr Verben können ein gemeinsames Subjekt haben, z. B.:

S	V	O	V	O
我	去	北京大学	学习	法语。

● 副词"最"修饰形容词和某些动词。如：

Das Adverb 最 kann ein Adjektiv oder ein Verb näher bestimmen, z. B.:

S	最	V (Adj)
我	最	喜欢　吃中餐。
中餐	最	好吃。

● 副词"就"肯定客观事实或强调正是如此。如：

Das Adverb 就 wird gebraucht, um eine Tatsache zu bejahen oder einen Tatbestand zu betonen, z.B.:

学校食堂的饭就不怎么好吃。

● **选择正确的位置**　Eine richtige Stellung wählen:

1. 中国人 A 见面 B 打招呼 C 时候不怎么爱 D 说："你好！"

的（　　　）

2. 他们今年九月 A 去 B 学习 C 汉语 D。

中国（　　　）

3. 在学校 A 的老师和 B 学生们现在去 C 吃饭 D。

食堂（　　　）

4. 北京大学 A 是 B 中国 C 有名 D 的大学。

最（　　　）

● **选择正确的答案**　Eine richtige Antwort wählen:

1. 我问他："你吃饭了吗？"他说："_____。"

A. 我吃饭。

B. 我没吃饭。

C. 我不吃饭。

D. 我不吃饭了。

2. 中国熟悉的人在街上遇见的时候爱说什么？

A. 你好！

B. 你好吗？

C. 你上哪儿去啊？

D. 好吗？

3. 王先生是一九四二年出生的。他是一位 _____。

A. 中年人

B. 老人

C. 女人

D. 大人

1	从[從]	cóng	*von (...her)*			
2	明	míng	*hell, klar, offensichtlich*	明天	míngtiān	*morgen*
3	开[開]	kāi	*öffnen, beginnen*			
4	始	shǐ	*Beginn; beginnen*	开始	kāishǐ	*beginnen*
5	每	měi	*jede(r, s)*	每天	měi tiān	*jeden Tag*
6	早	zǎo	*Morgen; früher*	早上	zǎoshang	*Morgen*
7	点[點]	diǎn	*um ... Uhr; Punkt, Tropfen*	七点	qī diǎn	*um 7 Uhr*
8	刻	kè	*Viertelstunde; schnitzen, meißeln*	一刻	yí kè	*eine Viertelstunde*
9	都	dōu	*alle, ganz*			
10	要	yào	*wollen, auffordern, brauchen*			
11	骑[騎]	qí	*reiten*			
12	自	zì	*selbst; von, seit*			
13	行	xíng	*gehen, wandern; in Ordnung*			
14	车[車]	chē	*Fahrzeug, Wagen*	自行车	zìxíngchē	*Fahrrad*
15	到	dào	*erreichen, ankommen*			
16	室	shì	*Zimmer, Raum*	教室	jiàoshì	*Klassenzimmer*
17	课[課]	kè	*Unterricht, Lektion, Vorlesung, Kurs*	上课	shàngkè	*zum Unterricht gehen*
18	练[練]	liàn	*üben*			
19	发[發]	fā	*aussprechen, ausdrücken, veröffentlichen, abgeben, schicken*			
	[髮]	fà	*Haar*			
20	音	yīn	*Ton, Laut*	发音	fāyīn	*Aussprache*
21	念	niàn	*laut lesen*			
22	文	wén	*Artikel, Schrift*	课文	kèwén	*Text*
23	记[記]	jì	*notieren, niederschreiben, sich merken; Merkmal, Mal*			
24	单[單]	dān	*einzeln*			
25	词[詞]	cí	*Wort*	单词	dāncí	*Wort*
26	听[聽]	tīng	*hören*			
27	写[寫]	xiě	*schreiben*	听写	tīngxiě	*diktieren; Diktat*
28	回	huí	*zurückkehren, antworten; Mal, Zeit*			
29	答	dá	*Antwort; antworten*	回答	huídá	*abtworten*
30	题[題]	tí	*Problem, Thema*	问题	wèntí	*Problem, Frage*

短 从明天开始，每天早上七点一刻我都要骑自行车到教室上课，
句 练发音、念课文、记单词、听写汉字、回答问题。

Cóng míngtiān kāishǐ, měi tiān zǎoshang qī diǎn yí kè wǒ dōu yào qí zìxíngchē dào jiàoshì shàngkè, liàn fāyīn, niàn kèwén, jì dāncí, tīngxiě Hànzì, huídá wèntí.

繁 從明天開始，每天早上七點一刻我都要騎自行車到教室上課，
體 練發音、念課文、記單詞、聽寫漢字、回答問題。

组　词		口　语

组　词	
明年	nächstes Jahr
明星	Star
开车	Auto fahren
开学	Schulbeginn
打开	öffnen
每个月	jeden Monat
早饭	Frühstück
一点儿	ein bisschen
有点儿	etwas
要是	wenn
上车	einsteigen
练习	üben
发现	entdecken
汉语课	Chinesisch-Unterricht
语文	中小学的汉语课
中文	Chinesisch
法文	Französisch
日文	Japanisch
作文	Aufsatz
文学	Literatur
听说	gehört haben von
听见	hören
好听	angenehm zu hören
打听	sich erkundigen
语音	Phonetik
单位	Einheit
生词	Vokabel
名词	Substantiv
代词	Pronomen
回国	ins Land zurückkehren
回去	zurückkehren
上去	nach oben gehen

口　语

（一）

◆ 小王，你打听打听，他在哪个单位工作？

◇ 好，我今天就去问问他的朋友。

◆ 你们明天开学吗？

◇ 我们明天开学，我去教室上课。

◆ 你们每天都有汉语课吗？

◇ 从星期一到星期五每天都有，星期一有三个小时语音练习，星期二是汉字课，星期四上现代文学，星期五有作文课，星期六不上课。

◆ 你最喜欢上哪个老师的课？

◇ 常老师的课，他从不听写汉字，从不问我问题。

◆ 你们每个人怎么去学校？

◇ 有的人骑车去，有的人开车去。

（二）

◆ 王老师什么时候回国？

◇ 听说，他明天早上八点一刻到北京。

◆ 我发现，王老师每年三月都出国。

◇ 是的，这回去的是法国。他现在有点儿不怎么爱出国了。我听他爱人经常说，他不喜欢吃法国早餐。

◆ 是吗？我最喜欢吃了。明年三月，要是他不去，我去。

从	明	开	始	每	早	点	刻	都	要
骑	自	行	车	到	室	课	练	发	音
念	文	记	单	词	听	写	回	答	题

- 有一种连动句，前一个动词结构表示的是后一个动词的方式。如：
  Es gibt eine Art von Satz, in dem das erste Verb die Art und Weise der Handlung des zweiten Verbs anzeigt, z. B.:

S V O	V O

  我 骑 自行车 到 教室上课。
  我 开 车 去 大学。

- 表示动作的动词可以重叠，重叠后常表示"动作经历的时间短促"或"轻松""随意"。如：
  Das eine Handlung angebende Verb kann redupliziert werden, und diese Replikation zeigt oft an, dass diese Handlung kurz dauert oder erleichtert oder ungezwungen stattfindet, z. B.:

S V V

  你 打听 打听。
  我 问 问 他的朋友。

- 介词"从""到"的宾语一般是表示时间或地点的词语。如：
  Die Objekte der Präpositionen 从 und 到 sind in der Regel Wörter oder Wortgruppen, die Zeit oder Ort angeben, z. B.:

从 Sust 到 Sust

  从 八点 到 十点
  从 教室 到 食堂

- 小句作动词"听说"和"发现"的宾语。如：
  Ein Satz wird als Objekt der Verben 听说 und 发现 gebraucht, z. B.:

S V (S	V O)

  我 听说 他明天 到 北京。
  我 发现 他每年三月 都 出 国。

- 下面的句子中"他去的"是"他去的地方"的意思。这种由动词组成的"的"字结构是一种名词结构。
  Im folgenden Satz hat 他去的 die Bedeutung von 他去的地方 . Die 的-Konstruktionen dieser Art gehören zu den substantivischen Konstruktionen.

(S V 的)	V O

  他 去 的（地方）是 法国。
  我 吃 的（饭） 是 中国饭。

● **选择正确的位置**　Eine richtige Stellung wählen:

1. 我 A 每天早上 B 去大学 C 上课 D。

　　　　　骑车（　　　）

2. 今天 A 他们上 B 是语法 C 课 D。

　　　　　的（　　　）

3. 我 A 朋友 B 开 C 车 D 是中国的。

　　　　　的（　　　）

4. 我 A 北京人 B 非常 C 喜欢 D 骑自行车。

　　　　　发现（　　　）

● **选择正确的答案**　Eine richtige Antwort wählen:

1. 今天星期一，他们明天开学。他们从什么时候开始上课？

　　A. 从星期三

　　B. 从星期二

　　C. 从今天

　　D. 从九点

2. 我的老师说："日本饭不怎么好吃。"他喜欢吃日本饭吗？

　　A. 喜欢

　　B. 有点儿喜欢

　　C. 不喜欢

　　D. 非常喜欢

3. _____ 你不爱吃法国饭，你可以吃中国饭。

　　A. 发现

　　B. 要是

　　C. 如果

　　D. 打听

1	后[後]	hòu	hinter, nach; später	后天	hòutiān	übermorgen
2	下	xià	unten; unter; nächst			
3	午	wǔ	Mittag	下午	xiàwǔ	Nachmittag
4	差	chà	abweichen von; weit entfernt von; nahezu; falsch			
5	分	fēn	Minute; teilen; (Zählwort)			
6	钟[鐘]	zhōng	Uhr, Glocke	分钟	fēnzhōng	Minute
7	也	yě	auch, ebenfalls			
8	准	zhǔn	erlauben, gestatten; genau, gewiss			
9	备[備]	bèi	vorbereiten	准备	zhǔnbèi	vorbereiten, beabsichtigen
10	再	zài	wieder, noch(mals), noch mehr			
11	跟	gēn	mit; folgen			
12	班	bān	Klasse, Gruppe	班上	bān shang	in der Klasse
13	几[幾]	jǐ	wie viel, wie viele; ein paar			
14	同	tóng	gemeinsam; gleich; und	同学	tóngxué	Klassenkamerad(in)
15	起	qǐ	aufstehen, sich erheben	一起	yìqǐ	zusammen
16	坐	zuò	sitzen			
17	租	zū	Miete; mieten, vermieten	出租	chūzū	vermieten; Taxi
18	汽	qì	Dampf	汽车	qìchē	Automobil, Wagen
19	地	dì	Land, Boden, Feld, Erde			
		de	(Strukturpartikel)	好好儿地	hǎohāor de	gut
20	铁[鐵]	tiě	Eisen	地铁	dìtiě	U-Bahn
21	新	xīn	neu			
22	世	shì	Welt			
23	界	jiè	Grenze	世界	shìjiè	Welt
24	商	shāng	Handel, Händler; diskutieren			
25	店	diàn	Laden, Geschäft	商店	shāngdiàn	Laden
26	买[買]	mǎi	kaufen			
27	些	xiē	etwas			
28	活	huó	Leben; leben; lebhaft	生活	shēnghuó	Leben; leben
29	用	yòng	Gebrauch; gebrauchen			
30	品	pǐn	Artikel	用品	yòngpǐn	Gebrauchsartikel

短
句
后天下午差五分钟四点，她也准备再跟班上的几个同学一起坐出租汽车和地铁去"新世界"商店买些生活用品。

Hòutiān xiàwǔ chà wǔ fēnzhōng sì diǎn, tā yě zhǔnbèi zài gēn bān shang de jǐ gè tóngxué yìqǐ zuò chūzū qìchē hé dìtiě qù "Xīnshìjiè" shāngdiàn mǎi xiē shēnghuó yòngpǐn.

繁
體
後天下午差五分鐘四點，她也準備再跟班上的幾個同學一起坐出租汽車和地鐵去"新世界"商店買些生活用品。

组 词	
后年	übernächstes Jahr
后面	hinten; Rückseite
以后	später
今后	von jetzt an
最后	zuletzt, schließlich
下课	Der Unterricht ist aus
下车	aussteigen
下去	hinabgehen
下星期	nächste Woche
一下	einmal
上午	Vormittag
中午	Mittag
午饭	Mittagessen
点钟	um...Uhr
一刻钟	eine Viertelstunde
准时	pünktlich
同时	gleichzeitig
备课	den Unterricht vorbereiten
再见	auf Wiedersehen
几分钟	einige Minuten
起名字	einen Namen geben
吃不起	sich nicht leisten können
新年	Neujahr
去世	sterben
商人	Kaufmann
经商	Handel treiben
商品	Ware
日用品	(täglicher) Gebrauchsartikel
用法	Anwendungsbereich
饭店	Hotel
书店	Buchhandlung
一些	einige, etwas

口 语

（一）

◆ 今天几月几号？
◇ 今天十二月二十五号。
◆ 明天星期几？
◇ 明天星期四。
◆ 现在几点了？
◇ 现在差一刻十一点。
◆ 你们每天上午什么时候下课？
◇ 我们中午十二点准时下课，一点钟吃午饭。

（二）

◆ 明天是新年，你准备跟你男朋友去哪儿？
◇ 我们准备先去学校后面的书店买些新书，再去商店买一些日用品，最后，去北京饭店吃饭。
◆ 听说，有个法国商人在学校后面新开了一个大商店，叫"新时代"商店，你知道吗？
◇ 我听说了。这几年，他们在中国开了十几个大商店。
◆ 明天你们准备怎么去北京饭店？
◇ 我们先坐地铁，再坐汽车，在北京饭店下车。
◆ 从这儿到北京饭店要用几个小时？
◇ 要用一个小时二十分钟。下星期一见！
◆ 再见！

后	下	午	差	分	钟	也	准	备	再
跟	班	几	同	起	坐	租	汽	地	铁
新	世	界	商	店	买	些	活	用	品

● 钟点的表达。如：
Die Ausdrucksweise der Uhrzeit, z. B.:

8：05	八点五分	8：30	八点半	8：45	差一刻九点
8：15	八点一刻	8：40	八点四十	8：55	差五分九点

● 持续时间的表达。如：
Die Ausdrucksweise der Zeitdauer, z. B.:

五分钟　　　一刻钟　　　一个小时
一天　　　　一个星期　　一个月　　　一年

● 要说明一个动作或一种状态持续多长时间，就在动词后用时量补语。如：
Ein Komplement der Zeit wird hinter einem Verb gebraucht, um die Zeitdauer einer Handlung oder eines Zustands anzuzeigen, z. B.:

S	V	T

坐汽车 要用　一个小时。
他　　　说了 十分钟。

● 动词如果带宾语，一般要重复动词将时量补语放在动词之后。如：
Ein Verb mit einem Objekt wird gewöhnlich wiederholt, und das Komplement der Zeit steht hinter dem wiederholtem Verb, z. B.:

S V O V T

我 坐 汽车 坐了 一天。

● 介词"跟"和它的宾语组成的介词结构放在动词前作状语。如：
Die präpositionale Konstruktion mit 跟... und ihrem Objekt wird oft vor einem Verb als Adverbialbestimmung gebraucht, z. B.:

S P O	Adv V O

我 跟 我的朋友 一起 去　商店。
他 跟 我　　　　　说："我现在去上课。"

● "几"可以作为疑问代词用来提问十以内的数目，另一个用法是表示十以内不确定的数目。如：
几 wird gebraucht, um nach einer Zahl unter zehn zu fragen oder eine einstellige unbestimmte Zahl anzugeben, z. B.:

今天星期几？
这几年，他们在中国新开了几个大商店。

● **选择正确的位置**　Eine richtige Stellung wählen:

1. 我 A 今天下午 B 去书店 C 买一些书 D。

　　　　跟我朋友（　　　）

2. 他 A 上课的时候 B 说 C："我可以 D 回答这个问题。"

　　　　跟老师（　　　）

3. A 今天 B 我和同学们 C 坐了一个小时 D。

　　　　坐汽车（　　　）

4. 有个 A 人在 B 大学北面 C 开了一个大 D 商店。

　　　　新（　　　）

● **选择正确的答案**　Eine richtige Antwort wählen:

1. 今天星期六，明天星期几？

　　A. 星期五

　　B. 星期七

　　C. 星期日

　　D. 星期天

2. 他早上八点坐汽车去学校，是九点一刻到的。他用了 ＿＿＿＿＿＿。

　　A. 一个小时

　　B. 四十五分钟

　　C. 七十五分钟

　　D. 一刻钟

3. 三点四十五分，也可以说 ＿＿＿＿＿＿。

　　A. 差一刻四点

　　B. 差十五分钟四点

　　C. 四点差十五分钟

　　D. 三点三刻

1	半	bàn	*halb*			
2	公	gōng	*metrisch, öffentlich, amtlich, männlich*			
3	斤	jīn	*(eine chinesische Gewichtseinheit: 0,5 kg)* 公斤	gōngjīn	*Kilogramm*
4	水	shuǐ	*Wasser*	水果	shuǐguǒ	*Obst*
5	双[雙]	shuāng	*Paar; doppelt*			
6	皮	pí	*Leder, Haut*			
7	鞋	xié	*Schuh*	皮鞋	píxié	*Lederschuh*
8	两[兩]	liǎng	*zwei*			
9	支	zhī	*(Zählwort); aufstellen*			
10	钢[鋼]	gāng	*Stahl*			
11	笔[筆]	bǐ	*Schreibgerät*	钢笔	gāngbǐ	*Füller*
12	本	běn	*(Zählwort); Buch, Heft; eigentlich, ursprünglich*			
13	杂[雜]	zá	*vermischt*			
14	志	zhì	*Annalen*	杂志	zázhì	*Zeitschrift*
15	条[條]	tiáo	*(Zählwort); Streifen*			
16	棉	mián	*Baumwolle*			
17	毛	máo	*Haar, Wolle; (eine Geldeinheit: 0,5 Yuan)* 毛裤	máokù	*gestrickte lange Unterhose*
18	裤[褲]	kù	*Hose*	棉毛裤	miánmáokù	*Baumwollhose, Interlockware*
19	件	jiàn	*(Zählwort)*			
20	运[運]	yùn	*Bewegung; transportieren*			
21	动[動]	dòng	*Bewegung; sich ändern, rühren*	运动	yùndòng	*Sport*
22	衣	yī	*Kleidung*	运动衣	yùndòngyī	*Sportkleidung, Trainingsanzug*
23	张[張]	zhāng	*(Zählwort); öffnen*			
24	导[導]	dǎo	*leiten; Führung*			
25	游	yóu	*schwimmen, reisen*	导游	dǎoyóu	*Reiseführung*
26	图[圖]	tú	*Karte, Bild, Zeichnung*	导游图	dǎoyóutú	*Touristenkarte*
27	共	gòng	*zusammen, gemeinsam, total*			
28	千	qiān	*tausend*			
29	百	bǎi	*hundert*			
30	块[塊]	kuài	*(Geldeinheit = Yuan); Stück*			

短句 半公斤水果、一双皮鞋、两支钢笔，三本杂志、四条棉毛裤、五件运动衣、六张导游图，共一千三百块。

Bàn gōngjīn shuǐguǒ, yì shuāng píxié, liǎng zhī gāngbǐ, sān běn zázhì, sì tiáo miánmáokù, wǔ jiàn yùndòngyī, liù zhāng dǎoyóutú, gòng yìqiān sānbǎi kuài.

繁體 半公斤水果、一雙皮鞋、兩支鋼筆，三本雜志、四條棉毛褲、五件運動衣、六張導游圖，共一千三百塊。

组 词	
半天	halber Tag, lange Zeit
半年	Halbjahr
三点半	halb vier
半个小时	eine halbe Stunde
公共汽车	Omnibus, Bus
公务员	öffentliche(r) Bedienstete(r)
公分	Zentimeter
汽水	Limonade
开水	abgekochtes Wasser
鞋店	Schuhgeschäft
两点	um zwei Uhr
两年	zwei Jahre
两个月	zwei Monate
毛笔	(Schreib)Pinsel
笔记本	Schreibheft
笔名	Pseudonym
日本	Japan
杂文	Essay
同志	Genosse
面条	Nudel
条件	Bedingung
衣服	Kleidung
毛衣	Pullover
上衣	Jacke, Oberbekleidung
大衣	Mantel
运动员	Sportler
活动	Aktivität
动词	Verb
地图	Landkarte
共同	gemeinsam
一共	zusammen, total
一块儿	zusammen

口 语

（一）

◆ 这是什么？

◇ 这是世界地图。

◆ 这张北京地图是你的吗？

◇ 是我的，这本汉语书和这个笔记本也是我的。这些衣服和汽水，吃的、用的都是我们今天下午一块儿坐公共汽车去商店买的。

（二）

◆ 同志，您买点儿什么？

◇ 我买一斤面条。小姐，有水果吗？

◆ 有，这些都是水果，您买几斤？

◇ 这个要两斤，这个要半斤，这个要一斤半。

（三）

◆ 小姐，我问一下，这是什么笔？

◇ 这是毛笔。练习书法的时候，要用毛笔。

◆ 中国人写字的时候都用毛笔吗？

◇ 不都用。小学生有书法课，上书法课时要用毛笔，语文课上写字可以用钢笔。有的老人常常用毛笔写字。日本人也用毛笔写字，我的一个日本朋友写的毛笔字也非常好。

半	公	斤	水	双	皮	鞋	两	支	钢
笔	本	杂	志	条	棉	毛	裤	件	运
动	衣	张	导	游	图	共	千	百	块

● 数词不能单独作名词的定语，中间必须加量词。如：
Ein Zahlwort allein kann nicht als Attribut dienen, zwischen das Zahlwort und das Substantiv muss ein Zählwort gesetzt werden, z. B.:

> 这是一个本子。
> 我买一本书。

● 名词都有特定的量词，不能随便组合。"个"是用得最广的量词，可以用于指人、物、处所等名词前。如：
Jedes Substantiv hat als Regel sein spezifisches Zählwort. 个 ist das gebräuchlichste Zählwort und kann vor einem Substantiv, das eine Person, ein Ding oder einen Ort angibt, gebraucht werden, z. B.:

个	一个人	三个学生	四个本子	五个商店
位	一位老师	三位先生	四位小姐	
本	一本书	三本杂志		
张	一张导游图	三张地图		
件	一件运动衣	三件衣服	四件毛衣	五件大衣
双	一双鞋	三双皮鞋	四双运动鞋	
条	一条棉毛裤	三条毛裤		
支	一支钢笔	三支毛笔		
斤	一斤水果	三斤面条		
公斤	一公斤水果			

● "二"和"两"都表示"2"这个数目，在量词前一般用"两"不用"二"。如：
二 und 两 bedeuten zwei, vor einem Zählwort wird normalerweise 两 anstatt 二 gebraucht, z. B.:

> 两个朋友　　　两个人　　　两本汉语书

● "些"表示不定数量的量词，常和"这""哪"等连用，修饰名词。如：
些, ein Zählwort, das eine unbestimmte Zahl anzeigt, steht oft hinter 这 oder 哪, um Substantive zu modifizieren, z. B.:

> 一些人　　　这些人　　　哪些人
> 一些书　　　这些书　　　哪些书
> 一些商店　　这些商店　　哪些商店

● "半"的用法举例：
Der Gebrauch von 半, zum Beispiel:

> 八点半　　　半个小时 （30分钟）一个半小时 （90分钟）
> 半年　　　　一年半　　（18个月）
> 半个月　　　一个半月　（45天）
> 半天　　　　一天半
> 半斤　　　　一斤半

● 　选择正确的位置　　Eine richtige Stellung wählen:

1. 这些吃 Ạ 用 Ḅ 是 C̣ 我 Ḍ 今天下午去商店买的。

$$的（　　　）$$

2. 这 Ạ 本子是我在一 Ḅ 小 C̣ 商店 Ḍ 买的。

$$个（　　　）$$

3. 我 Ạ 想 Ḅ 跟我的同学 C̣ 去餐厅吃饭 Ḍ。

$$一块儿（　　　）$$

4. 你打听 Ạ，去 Ḅ 北京饭店 C̣ 在哪儿下 Ḍ 车。

$$一下（　　　）$$

● 　选择正确的答案　　Eine richtige Antwort wählen:

1. 你买什么？我买一 ＿＿＿＿＿＿ 书。

　　A. 个

　　B. 张

　　C. 本

　　D. 支

2. 今天下午我在商店买了一条 ＿＿＿＿＿＿。

　　A. 大衣

　　B. 毛裤

　　C. 上衣

　　D. 皮鞋

3. 他早上八点坐车去学校，上午十点半到。他用了多长时间？

　　A. 二个小时半

　　B. 二个半小时

　　C. 两个小时半

　　D. 两个半小时

1	昨	zuó	gestern				
2	晚	wǎn	Abend, Nacht; spät				
3	俩[倆]	liǎ	beide (Personen)				
4	又	yòu	wieder	又…又	yòu…yòu	... und...; sowohl...als...	
5	饿[餓]	è	Hunger				
6	渴	kě	Durst				
7	份	fèn	(Zählwort)				
8	鱼[魚]	yú	Fisch				
9	香	xiāng	Aroma; duftend	鱼香	yúxiāng	fischriechend	
10	肉	ròu	Fleisch				
11	丝[絲]	sī	Seide, Faser, Draht	肉丝	ròusī	Fleischstreifchen	
12	盘[盤]	pán	Schale, Platte, Teller; (Zählwort)				
13	素	sù	farblos, schlicht, vegetarisch, gewöhnlich				
14	炒	chǎo	kurz anbraten				
15	空	kōng	leer, hohl; Luft, Himmel				
		kòng	Zwischenraum, Freizeit; frei	空儿	kòngr	Freizeit	
16	心	xīn	Herz, Zentrum				
17	菜	cài	Gemüse, Küche, Gericht	空心菜	kōngxīncài	Wasserbatate	
18	冷	lěng	kalt	冷盘儿	lěngpánr	kalte Platte	
19	碗	wǎn	Schale; (Zählwort)				
20	米	mǐ	Reis, Meter	米饭	mǐfàn	(gekochter) Reis	
21	喝	hē	trinken				
22	杯	bēi	Becher, Tasse, Glas; (Zählwort)				
23	热[熱]	rè	Hitze, Wärme; warm, heiß				
24	茶	chá	Tee				
25	瓶	píng	Flasche, Vase				
26	啤	pí					
27	酒	jiǔ	Alkohol, Schnaps, Wein	啤酒	píjiǔ	Bier	
28	花	huā	Blume, Blüte; ausgeben				
29	少	shǎo	wenig, gering; fehlen				
30	钱[錢]	qián	Geld, Mütze				

短句 昨晚我们俩又饿又渴，要了份鱼香肉丝、一盘素炒空心菜、一个冷盘儿、两碗米饭，喝了两杯热茶、五瓶啤酒，花了不少钱。

Zuówǎn wǒmenliǎ yòu è yòu kě, yàole fèn yúxiāngròusī, yì pán sù chǎo kōngxīncài, yí gè lěngpánr, liǎng wǎn mǐfàn, hēle liǎng bēi rèchá, wǔ píng píjiǔ, huāle bùshǎo qián.

繁體 昨晚我們倆又餓又渴，要了份魚香肉絲、一盤素炒空心菜、一個冷盤兒、兩碗米飯，喝了兩杯熱茶、五瓶啤酒，花了不少錢。

组 词	
昨天	gestern
晚上	abends
晚饭	Abendessen
晚年	Lebensabend
月份	Monat
鱼肉	Fischfilet
香水	Parfüm
有空儿	Zeit haben
素菜	vegetarisches Gericht
炒菜	Bratgericht
点菜	(Essen) bestellen
菜店	Gemüseladen
菜单	Menü
中国菜	chinesische Küche
法国菜	französische Küche
下酒菜	喝酒吃的菜
中心	Zentrum, Mittelpunkt
心中	im Herzen
饭碗	Schale
大米	Reis
好喝	sich gut trinken
茶杯	Teetasse
酒杯	Becher, Weinglas
酒瓶	Weinflasche
酒店	Restaurant
花儿	Blume
花店	Blumenladen
花瓶	Vase
花茶	parfümrierter Tee
花钱	Geld ausgeben
一块钱	ein Yuan
两毛钱	zwei Mao

口 语

（一）

◆ 二位吃点儿什么？这是菜单。

◇ 有什么好吃的炒菜？

◆ 炒菜有不少，这些都是炒菜。

◇ 这两个菜用中文怎么说？

◆ 这个叫"鱼香肉丝"，这个叫"肉炒菜心儿"。

◇ 我们要份儿鱼香肉丝，一个肉炒菜心儿，一个
素菜，两盘儿下酒菜。

◆ 米饭要吗？

◇ 我们不怎么饿，要两小碗米饭。

◆ 二位喝点儿什么？

◇ 你们这儿有什么好酒？

◆ 有不少中国的名酒和法国酒。

◇ 我们非常渴，要三瓶啤酒。要是法国酒不怎么
贵，我们每人再要一杯法国酒。

（二）

◆ 今天晚上你有空儿吗？

◇ 我有空儿。

◆ 今天是我朋友的生日，咱们一起去北京饭店吃
法国大菜，好吗？

◇ 好是好，可是，法国菜有点儿贵，我吃不起啊！

◆ 法国菜有的贵，有的也不怎么贵。今天我点
菜，不用你花钱。

◇ 这行，我去买瓶法国香水，再去花店买些花儿。

昨	晚	俩	又	饿	渴	份	鱼	香	肉
丝	盘	素	炒	空	心	菜	冷	碗	米
喝	杯	热	茶	瓶	啤	酒	花	少	钱

● "有点儿"常用在某些形容词和动词前，而"一点儿"常用在某些形容词和动词之后。如：
　　有点儿 in der Bedeutung von ein bisschen wird oft als Adverbialbestimmung vor bestimmten Adjektiven und Verben und 一点儿 oft hinter manchen Adjektiven und Verben gebraucht, z. B.:

有点儿　Adj(V)
法国菜　有点儿　贵。
我　　　有点儿　喜欢他。

Adj(V)　一点儿
法国菜　贵　　一点儿。
我喜欢　喝　　一点儿啤酒。

● 动态助词"了"在动词后表示这个动作已经实现。如：
　　Die Aspektpartikel 了 steht hinter dem Verb, um die Vollendung der Handlung dieses Verbs auszudrücken, z. B.:

S　V　了　O
我 要了　份鱼香肉丝。
我 买了　一斤水果。

● "又……又……"的用法举例：
　　Beispiele für den Gebrauch von 又...又...:

又 Adj(V)　　又 Adj(V)
又 饿　　　　又 渴。
又 贵　　　　又 不好。

● "……得起"是一个可能补语，否定形式是"……不起"。如：
　　...得起 ist ein Komplement der Möglichkeit, das mit der Strukturpartikel 得 zwischen einem Verb und 起 gebildet wird. Für die Verneinungsform wird 得 durch 不 ersetzt, z. B.:

V得 (不) V

　　法国菜，你吃得　起吃不起？　　自行车，你买得起买不起？
　　　　　我吃 不 起。　　　　　　自行车，我买得起。

● 量词"杯""碗""瓶""盘""份"的用法举例：
　　Beispiele für den Gebrauch der Zählwörter 杯, 碗, 瓶, 盘 und 份:

　　　　杯　　一杯茶　　一杯啤酒
　　　　碗　　一碗米饭　　一碗水
　　　　瓶　　一瓶啤酒　　一瓶香水
　　　　盘　　一盘炒菜　　一盘鱼香肉丝
　　　　份　　一份鱼　　　一份热菜

● 　选择正确的位置　Eine richtige Stellung wählen:

1. A 我朋友 B 说："这个花瓶 C 贵 D。"

有点儿（　　　）

2. 饭店 A 服务员问我 B："您想买 C 什么 D？"

一点儿（　　　）

3. 昨天他在商店 A 买 B 不少 C 鱼和肉 D。

了（　　　）

4. 喝了两瓶啤酒，A 我们每人 B 要 C 了一杯 D。

又（　　　）

● 　选择正确的答案　Eine richtige Antwort wählen:

1. 买大衣的人说："我买不起啊！"这个人 _____。

    A. 有不少钱

    B. 不喜欢这件衣服

    C. 不想买

    D. 的钱少

2. 我跟服务员说："我 _____ 要一个冷盘儿。"

    A. 又

    B. 再

    C. 就

    D. 也

3. 昨天吃饭的时候，我要了一 _____ 肉丝炒面。

    A. 碗

    B. 杯

    C. 份

    D. 盘

1	林	lín	Wald, Forst, Forstwirtschaft, (Familienname)			
2	叔	shū	Onkel	叔叔	shūshu	Onkel (Anrede von Kindern für
3	家	jiā	Familie, Heim, Spezialist(in)			junge Männer)
4	口	kǒu	Mund; (Zählwort)	人口	rénkǒu	Bevölkerung
5	真	zhēn	Wahrheit; wahr, real, echt; wirklich			
6	多	duō	viel; mehr als, über			
7	爸	bà	Papa, Vater	爸爸	bàba	Papa, Vati, Vater
8	妈[媽]	mā	Mama, Mutter	妈妈	māma	Mama, Mutti, Mutter
9	哥	gē	älterer Bruder	哥哥	gēge	älterer Bruder
10	嫂	sǎo	Frau des älteren Bruders			
11	子	zǐ	Kind; (Suffix)	嫂子	sǎozi	Frau des älteren Bruders
12	弟	dì	jüngerer Bruder	弟弟	dìdi	jüngerer Bruder
13	妹	mèi	jüngere Schwester	妹妹	mèimei	jüngere Schwester
14	另	lìng	andere(r)			
15	外	wài	außen	另外	lìngwài	anderer; außerdem
16	祖	zǔ	Ahne, Großeltern			
17	父	fù	Vater			
18	母	mǔ	Mutter	祖父母	zǔfùmǔ	Großeltern
19	呢	ne	(Modalpartikel)			
20	前	qián	vor; vorn, vorher, früher	以前	yǐqián	früher, vorher; bevor; vor
21	军[軍]	jūn	Armee			
22	队[隊]	duì	Team, Gruppe	军队	jūnduì	Truppen, Streitkräfte
23	干[幹]	gàn	tun, machen			
	[乾]	gān	trocken; austrinken	干杯	gānbēi	zum Wohl; trinken auf
24	部	bù	Teil, Einheit, Ministerium	干部	gànbù	Kader
25	已	yǐ	schon, bereits	已经	yǐjīng	schon, bereits
26	退	tuì	zurück; sich zurückziehen			
27	休	xiū	ausruhen, stoppen; Pause	退休	tuìxiū	in den Ruhestand treten
28	很	hěn	sehr			
29	长[長]	cháng	lang; lange; Länge			
		zhǎng	Chef; wachsen; älter	部长	bùzhǎng	Minister
30	间[間]	jiān	zwischen; (Zählwort); Zeit			

短 林叔叔家人口真多，有爸爸、妈妈、哥哥、嫂子、弟弟和妹妹。
句 另外，他祖父母呢，以前是军队干部，已经退休很长时间了。

Lín shūshu jiā rénkǒu zhēn duō, yǒu bàba, māma, gēge, sǎozi, dìdi hé mèimei. Lìngwài, tā zǔfùmǔ ne, yǐqián shì jūnduì gànbu, yǐjīng tuìxiū hěn cháng shíjiān le.

繁 林叔叔家人口真多，有爸爸、媽媽、哥哥、嫂子、弟弟和妹妹。
體 另外，他祖父母呢，以前是軍隊幹部，已經退休很長時間了。

| 组　词 | | 口　语 |

国家	Staat, Land
作家	Schriftsteller
文学家	Schriftsteller
大家	alle
家务	Haushalt
口语	Umgangssprache
口音	Akzent
多少	wie viel
多么	wie
多长时间	wie lange
差不多	fast, nahezu
儿子	Sohn
本子	Heft, Notizbuch
裤子	Hose
杯子	Tasse, Glas
瓶子	Flasche
盘子	Teller, Platte
个子	Statur, Gestalt
单子	Formular, Liste
国外	Ausland
外国	ausländisch
外语(文)	Fremdsprache
外面	außen; äußerlich
外号	Spitzname
祖国	Vaterland
祖父	Großvater
祖母	Großmutter
前天	vorgestern
前年	vorletztes Jahr
部分	Teil
中间	Mitte; zwischen
期间	während

（一）

◆ 小姐，杂志多少钱一本？
◇ 十二块五一本。
◆ 这张北京导游图多少钱？
◇ 导游图五毛钱一张。
◆ 我买两个本子、三个盘子、一个花瓶、一支钢笔、半斤花茶、两条裤子，一共多少钱？
◇ 一共二百四十七块六毛。

（二）

◆ 小张，你在家干什么呢？
◇ 我念十一课的课文呢，你呢？
◆ 我写汉字呢。你父母在家吗？
◇ 他们都在家。我妈妈在喝茶，我爸爸备课呢。
◆ 听说，你哥哥去国外留学了，是真的吗？他去的是哪个国家？
◇ 是真的，他去的是日本。
◆ 他去日本多长时间了？
◇ 他是前年去的，到现在差不多一年半了。
◆ 你法语学了几个月了？
◇ 我已经学了五个多月了，可是口语很差。
◆ 学习外语要多听，多说，多写，多练习。
◇ 不用你说，大家都知道，可是我就是说不好。

林	叔	家	口	真	多	爸	妈	哥	嫂
子	弟	妹	另	外	祖	父	母	呢	前
军	队	干	部	已	退	休	很	长	间

语 法　GRAMMATIK

- 语气助词"呢"的一个用法是表示疑问语气，常用在代词和名词后。如：
  Die Modalpartikel呢 wird oft hinter einem Substantiv oder Pronomen gebraucht, um einen interrogativen Ton auszudrücken, z. B.:

  > 我骑自行车去，你呢？
  > 你爸爸是老师，你妈妈呢？

- 语气助词"呢"的一个用法是表示停顿。如：
  Die Modalpartikel 呢 kann auch zur Markierung einer Pause verwendet werden, z. B.:

  > 他祖父母呢，已经退休了。
  > 我爱人喜欢喝茶。我呢，喜欢喝啤酒。

- 要表示动作处在进行的阶段，可在动词前加副词"在"或在句尾加语气助词"呢"。如：
  Um anzuzeigen, dass eine Handlung von sich geht, wird das Adverb 在 vor dem Verb oder 呢 am Satzende gebraucht. 在 wird oft mit 呢 zusammen gebraucht, um den Fortgang auszudrücken, z. B.:

S	在	V	O	呢

  > 我妈妈　在　喝　茶。
  > 我爸爸　　　备　课　呢。
  > 我　　　在　写　汉字　呢。

- 副词"多"常放在单音节形容词"长""大"等前边，用来询问程度。如：
  Das Adverb 多 wird oft vor einsilbige Adjektive wie 长 und 大 gesetzt, um nach dem Grad oder Ausmaß zu fragen, z. B.:

  > 多长时间　　他去日本多长时间了？
  > 　　　　　　他去日本一年半了。
  > 多大　　　　你多大了？
  > 　　　　　　我二十岁了。

- 用"多"也能表示概数。"多"不能单用，要放在整数之后表示零头。代表个位数后的零头时，放在量词和名词之间，或带量词性的名词之后。如：
  多 kann ungefähre Zahlen angeben und nicht allein, sondern hinter einer runden Zahl stehen, um den Rest anzuzeigen. 多 wird zwischen einem Zählwort und einem Substantiv oder hinter einem Substantiv, das als Zählwort dient, gebraucht, um den Rest einer runden Zahl auszudrücken, z. B.:

  > 十多个人　　一个多月　　（über einen Monat）
  > 二十多本书　一个多小时　（etwas mehr als eine Stunde）
  > 一百多年　　一年多　　　（über ein Jahr）
  > 　　　　　　一天多　　　（etwas mehr als einen Tag）

● **选择正确的位置**　Eine richtige Stellung wählen:

1. 你 A 妈妈 B 不喜欢喝花茶 C，教你的老师 D ?

呢（　　　）

2. 我 A 写汉字 B，C 我父母 D 做饭呢。

在（　　　）

3. 他汉语已经 A 学了 B 一个 C 月 D 了。

多（　　　）

4. 昨天 A 我 B 花了 C 四百多块钱 D。

差不多（　　　）

● **选择正确的答案**　Eine richtige Antwort wählen:

1. 他从去年九月到今年二月在北京学习汉语，一共学了 ＿＿＿＿＿＿ 个月。

A. 十

B. 十一

C. 五

D. 六

2. 我想今年八月去中国，明年六月回国。我想在中国多长时间?

A. 十四个月

B. 十个月

C. 九个月

D. 十二个月

3. 三斤花茶三百六十九块，一斤花茶多少钱?

A. 一百三十三块

B. 一百二十三块

C. 一百四十二块

D. 一百三十二块

1	孩	hái	Kind		孩子	háizi	Kind
2	挺	tǐng	sehr, ziemlich; aufrecht, kerzengerade; sich aufrichten				
3	抱	bào	umarmen, im Arm halten				
4	负[負]	fù	schultern, belasten; Bürde		有抱负	yǒu bàofu	ambitioniert
5	属[屬]	shǔ	Kategorie; geboren sein im Jahr von...; gehören zu				
6	羊	yáng	Schaf, Ziege				
7	还[還]	hái	noch, (immer) noch, auch noch, doch				
		huán	zurückkehren, zurückgeben				
8	没	méi	nicht				
9	毕[畢]	bì	beenden; voll und ganz				
10	业[業]	yè	Lehrgang, Branche, Beschäftigung	毕业	bìyè	absolvieren
11	数[數]	shù	Mathematik, Zahl, Nummer				
12	理	lǐ	Physik, Grund, Argument, Theorie				
13	化	huà	Chemie; ändern, wandeln				
14	考	kǎo	Examen; prüfen				
15	试[試]	shì	Versuch, Test, Prüfung; probieren	考试	kǎoshì	Prüfung
16	各	gè	jede(r,s)				
17	门[門]	mén	(Zählwort); Tor, Tür				
18	功	gōng	Verdienst, Leistung, Arbeit, Erfolg	功课	gōngkè	Schulaufgaben
19	成	chéng	werden; Resultat				
20	绩[績]	jì	Errungenschaft, Verdienst	成绩	chéngjì	Leistung, Errungenschaft
21	错[錯]	cuò	Fehler; falsch	不错	búcuò	korrekt, richtig
22	将[將]	jiāng	werden, im Begriff sein				
23	来[來]	lái	kommen	将来	jiānglái	Zukunft
24	想	xiǎng	denken, wollen; Gedanken				
25	搞	gǎo	tun, machen				
26	然	rán	so, richtig, jedoch	自然	zìrán	Natur; natürlich
27	科	kē	Fach, (wissenschaftliche) Disziplin	科学	kēxué	Wissenschaft
28	当[當]	dāng	sein, fungieren als, dienen als				
29	研	yán	zermahlen, studieren, forschen	研究	yánjiū	Forschung
30	究	jiū	erforschen	研究员	yánjiūyuán	Forscher

短 **句**
这孩子挺有抱负，属羊，大学还没毕业，数理化考试各门功课成绩都不错，将来想搞自然科学，当研究员。

Zhè háizi tǐng yǒu bàofu, shǔ yáng, dàxué hái méi bìyè, shù lǐ huà kǎoshì gè mén gōngkè chéngjì dōu búcuò, jiānglái xiǎng gǎo zìrán kēxué, dāng yánjiūyuán.

繁 **體**
這孩子挺有抱負，屬羊，大學還沒畢業，數理化考試各門功課成績都不錯，將來想搞自然科學，當研究員。

组 词		口 语

小孩儿	Kind
男孩儿	Junge
还是	oder, noch
还可以	nicht schlecht
工业	Industrie
商业	Handel
林业	Forstwirtschaft
作业	Hausaufgaben
专业	Fachrichtung
岁数	Alter
数学	Mathematik
化学	Chemie
文化	Kultur
口试	mündliche Prüfung
笔试	schriftliche Prüfung
门口	Eingang
部门	Abteilung
想念	vermissen
理想	Ideal
道理	Grund
经理	Manager
理发	frisieren
理科	Naturwissenschaften
文科	Geisteswissenschaften
外科	Chirurgie
本科生	Diplomstudent(in)
上来	heraufkommen
从来	seit jeher, immer
后来	später, darauf
然后	dann, danach
当然	natürlich
研究生	Postgraduierte(r)

◆ 昨天你去书店了没有?

◇ 我没去书店,我去理发了。

◆ 我也去理发了,我在理发店门口怎么没见到你啊! 你是上午去的还是下午去的?

◇ 我从来不在上午理发,我是下午去的。

◆ 听说,你孩子大学要毕业了,是吗?

◇ 是的,他今年七月份就毕业。

◆ 你孩子学文科还是理科?

◇ 他学理科, 他数学和化学的成绩不错,考试都在九十分以上。他不喜欢上文化课。

◆ 他怎么不喜欢学文科呢?

◇ 他不喜欢作文,外语口试和笔试的成绩不好。

◆ 大学本科毕业以后,他想考研究生吗?

◇ 当然想了, 大学一毕业就考上研究生,这是最理想的了。现在岁数不大,以后岁数大了,再想考也考不了了。

◆ 将来他想干什么工作?

◇ 他想先在商业部门工作几年,然后去大学当老师。他常跟我说,当老师好是好,就是钱少。

◆ 他想不想出国留学?

◇ 现在哪个男孩儿不想出国留学啊!

◆ 他想到国外去学什么专业?

◇ 他开始跟我说, 他想去学数学,后来又说,想去国外学习商业,还说,将来想当经理。

孩	挺	抱	负	属	羊	还	没	毕	业
数	理	化	考	试	各	门	功	成	绩
错	将	来	想	搞	然	科	当	研	究

语 法　GRAMMATIK

● 有一种疑问句是用连词"还是"连接两种可能的答案，由回答的人选择其一。如：
Es gibt eine Art vom Fragesatz, in dem zwei m还是liche Antworten mit der Konjunktion verbunden sind, und der Beantwortende wird vor die Alternative gestellt, z. B.:

你孩子喜欢学文科还是理科？

你是上午去的还是下午去的？

● "一……就……"表示两个紧接着的动作。如：
一...就... wird gebraucht, um die zwei aufeinander folgenden Handlungen zu verbinden, z.B.:

S － V O 就 V O

我 一下课 就 回 家。

他 一毕业 就 考上 研究生，这是最理想的了。

● "要……了"表示动作很快就要发生。如：
要... 了 zeigt an, dass eine Handlung sich sofort ereignen wird, z. B.:

S 要 V O 了

我孩子大学 要 毕业了。

● 动词"了(liǎo)"常用作可能补语，表示有可能进行某种动作。如：
Das Verb 了 (liǎo) wird oft als Möglichkeits-Komplement verwendet, um die Möglichkeit einer Handlung anzuzeigen, z. B.:

考得（不）了　他今年考得了考不了大学？

来得（不）了　明天我们不上课，我来得了。

吃得（不）了　我吃不了三碗米饭。

● 语气助词"呢"可以放在一个特殊疑问句句尾。如：
Die Modalpartikel 呢 kann ans Ende eines Fragesatzes mit einem Interrogativpronomen gesetzt werden, z. B.:

她去哪儿了呢？

他怎么不喜欢学文科呢？

● 用疑问代词的反问句，句尾可以加语气助词"啊"或"呢"。如：
Die Modalpartikel 啊 oder 呢 kann am Ende eines rhetorischen Frage gebraucht werden, z. B.:

现在哪个男孩儿不想出国留学啊！　（男孩儿都想出国留学。）

我不说，你怎么能知道呢？　（你不能知道。）

● "……是……，就是……"用于让步从句中。如：
Die Konstruktion...是..., 就是... wird oft in einem Konzessivsatz gebraucht, z. B.:

当老师好是好，就是钱少。

想去是想去，就是去不了。

● **选择正确的位置**　Eine richtige Stellung wählen:

1. 你喜欢 Ạ 喝 Ḅ 花茶 C̣ 喜欢喝 Ḍ 啤酒？

还是（　　　）

2. Ạ 今天中午 Ḅ 我 C̣ 下 Ḍ 课就骑车回家。

一（　　　）

3. 这张北京地图好 Ạ 是好，Ḅ 是 C̣ 有点儿 Ḍ 大。

就（　　　）

4. 我 Ạ 父母的岁数 Ḅ 都 C̣ 很大了，Ḍ 退休了。

要（　　　）

● **选择正确的答案**　Eine richtige Antwort wählen:

1. 他说："谁不喜欢吃中国饭啊！"他 ＿＿＿＿＿＿ 中国饭。

A. 不喜欢吃

B. 喜欢吃

C. 很不喜欢吃

D. 有点儿不喜欢

2. 他说："哪个孩子不喜欢出国留学啊！" ＿＿＿＿＿＿ 出国留学。

A. 他不喜欢

B. 孩子不喜欢

C. 孩子都喜欢

D. 孩子都不喜欢

3. 他说："明天他来不了。"他明天 ＿＿＿＿＿＿。

A. 可以来

B. 可以不来

C. 不可以来

D. 不想来

北京的胡同

四 世 同 堂

我朋友是中国的一位非常有名的作家，北京人。他是一九五三年出生的，今年四十八岁。他写了十几本小说和很多杂文。他家在北大北面的一条大街上。他家人口很多。昨天是他的生日，我去他家吃饭。我们吃的是面条。吃饭时，我见到了他一家人。

我朋友的家是四世同堂。

他祖父岁数很大了，是"五四"时代的一位名人。他祖母是去年去世的。

他爸爸今年六十多了，听说，他还在工作。他是搞数学的，每天都有研究生来他家问问题。他妈妈早就退休了。听她的口音，她不是北京人。

我朋友的爱人不工作，在家搞家务。她每天早上差一刻八点去买菜，然后去食品店买点儿肉和鱼。上午十点半她去教堂，回家后就开始准备午饭，用不了半个小时饭就好了。我最喜欢吃她做的鱼香肉丝和面条。他们家的饭菜非常好吃。

我朋友的大哥和嫂子在日本工作，很长时间没回国了。在日本他们都很想念他们的祖国和家人。有一年他们回国时，大家问他们："在日本生活好不好？"他们想了想说："还是在中国好啊！"他哥哥也爱好文学，日语不错。他经常跟孩子们说："要是想学好外语，就要多听、多说、多写、多念。"我想他说的很有道理。

他大姐是国家工业研究中心的研究员，她的工作条件很好。

他弟弟是位很有经验的小学教员，他教语文和数学，他的学生都非常喜欢他。

他妹妹是空中小姐，经常出国，钱也多。她爱买新衣服，爱用外国香水。听说，她的一件大衣就有一千多块。她跟我说，她爱上了一个法国人，将来想到法国去留学。现在学习汉语的外国人不少，她还想跟她男朋友在国外开一个中文学校。

我朋友有两个孩子，一个男孩儿，一个女孩儿。老大是女孩儿，是学化工的，她男朋友是学林业的，他们俩大学都还没毕业。老二没考上大学，现在已经工作了，在一个饭店当经理。他喜欢经商，将来想当大商人。他爱喝酒，外号叫"酒瓶子"。

在中国，四世同堂的家现在已经不多见了。

1	通	tōng	*durch; frei, offen; passieren, verbinden, informieren*			
2	过[過]	guò	*passieren, verbringen; Fehler*	通过	tōngguò	*durch; durchgehen*
3	闻[聞]	wén	*Neuigkeit; hören, riechen*	新闻	xīnwén	*Nachricht, Neuigkeit*
4	者	zhě	*(Suffix)*	记者	jìzhě	*Journalist(in)*
5	介	jiè	*zwischen*			
6	绍[紹]	shào	*fortsetzen, übernehmen*	介绍	jièshào	*vorstellen, bekannt machen*
7	认[認]	rèn	*wieder erkennen, anerkennen*			
8	识[識]	shí	*Kenntnis; kennen*	认识	rènshi	*kennen, kennen lernen, verstehen*
9	那	nà	*jene*			
10	漂	piào				
11	亮	liàng	*Licht; hell; leuchten, scheinen*	漂亮	piàoliang	*schön*
12	静	jìng	*still, ruhig*	文静	wénjìng	*gesittet*
13	山	shān	*Berg, Gebirge*			
14	东[東]	dōng	*Osten*	山东	Shāndōng	*(Provinz) Shandong*
15	姑	gū	*Tante (Schwester des Vaters)*			
16	娘	niáng	*Mutter*	姑娘	gūniang	*Mädchen*
17	旅	lǚ	*reisen*	旅行	lǚxíng	*reisen*
18	社	shè	*Agentur, Gesellschaft*	旅行社	lǚxíngshè	*Reisebüro*
19	翻	fān	*übersetzen, umdrehen, umkehren*			
20	译[譯]	yì	*übersetzen*	翻译	fānyì	*übersetzen; Übersetzer*
21	能	néng	*können; Fähigkeit, Energie*			
22	读[讀]	dú	*lesen*			
23	懂	dǒng	*verstehen, kennen*			
24	句	jù	*Satz*	几句	jǐ jù	*einige Sätze, ein paar Worte*
25	古	gǔ	*Altertum, alte Zeit; altertümlich*			
26	诗[詩]	shī	*Gedicht*	古诗	gǔshī	*klassisches Gedicht*
27	英	yīng	*Großbritannien, England, Held*	英语	Yīngyǔ	*Englisch*
28	得	de	*(Strukturpartikel)*			
		dé	*bekommen*	得到	dédào	*bekommen, erwerben*
		děi	*müssen*			
29	流	liú	*fließen, rinnen, strömen*			
30	利	lì	*scharf; Interesse, Nutzen*	流利	liúlì	*fließend*

短句 通过新闻记者介绍，我认识了那位漂亮文静的山东姑娘，她是旅行社翻译，能读懂几句古诗，英语说得很流利。

Tōngguò xīnwén jìzhě jièshào, wǒ rènshile nà wèi piàoliang wénjìng de Shāndōng gūniang, tā shì lǚxíngshè fānyì, néng dúdǒng jǐ jù gǔshī, Yīngyǔ shuō de hěn liúli.

繁體 通過新聞記者介紹，我認識了那位漂亮文静的山東姑娘，她是旅行社翻譯，能讀懂幾句古詩，英語説得很流利。

组 词	口 语

组 词

通知	mitteilen, informieren
过去	früher; Vergangenheit
经过	durch; durchgehen
去过	war, ist gewesen
吃过	gegessen haben
不过	aber
见闻	Information, Erlebtes
作者	Autor(in)
读者	Leser(in)
学者	Gelehrte(r)
诗人	Dichter(in)
记得	sich erinnern
认真	gewissenhaft
见识	Erfahrung
知识	Kenntnis
知识分子	Intellektuelle(r)
那儿	dort
那么	so, nun, also
姑姑	Tante, Vaters Schwester
可能	möglich
句子	Satz
古代	Altertum
古老	altertümlich
英国	Großbritannien
英文	Englisch
有利	nützlich, günstig
利用	benutzen
听得懂	verstehen können
听不懂	nicht verstehen können
听得见	hören können
说不上	nicht sagen können
长得漂亮	schön aussehen

口 语

◆ 你去过哪些国家？

◇ 我去过法国、英国、中国和日本。

◆ 你吃过日本饭吗？

◇ 我没吃过日本饭。听说，日本饭也挺好吃。

◆ 你读没读过中国的古诗？

◇ 我读过一点儿，是汉代和明代的诗人写的。

◆ 你读得懂吗？

◇ 有的读得懂，有的读不懂。中国古代有很多有名的诗人。过去，中国有名的学者和知识分子都喜欢写诗。

◆ 你能翻译中国的古诗吗？

◇ 可能现在还不行，以后我很想翻译一些。

◆ 你英语学了多长时间了？

◇ 我上中学的时候就开始学英语，现在已经学了六年了。我学习很认真，英语说得还可以。

◆ 去英国旅行的时候，英国人说的你听得懂吗？

◇ 我都能听懂。

◆ 真的吗？

◇ 当然是真的。

◆ 你认识小王的姑姑吗？她长得漂亮不漂亮？

◇ 我认识她，她是记者，人长得说不上漂亮，可是那个人很文静，是个有知识、有文化的人。

◆ 你们是怎么认识的？

◇ 是通过朋友介绍的，那时候她还是个姑娘呢。

通	过	闻	者	介	绍	认	识	那	漂
亮	静	山	东	姑	娘	旅	社	翻	译
能	读	懂	句	古	诗	英	得	流	利

语 法　GRAMMATIK

● 动态助词"过"放在动词后，说明某种动作曾在过去发生，有过某种经历。否定用"没（有）……过"。
Die Aspektpartikel 过 steht unmittelbar hinter einem Verb und zeigt an, dass eine Handlung in der Vergangenheit stattfand, und wird oft zur Betonung eines Erlebnisses gebraucht. Die Verneinungsform von ist 没（有）...过, z. B.:

S	没(有)	V	过	O

我　　　　　　去　过　美国。
我　没　　　　去　过　美国。

正反疑问方式是：
Die affirmativ-negative Frage mit 过 ist:

S	V	过	O	没有　？
S	V	没	V	过　　　O？
S	V	过	没	V 过　O？

你去过中国没有？
你去没去过中国？
你去过没去过中国？

● 说明动作的结果的补语叫结果补语。结果补语常是动词，如"懂"；或形容词，如"好"。
Das Komplement des Resultats wird entweder durch ein Verb wie 懂 oder ein Adjektiv wie 好 ausgedrückt und bezeichnet das Resultat einer Handlung, z. B.:

S	V	v(Adj)	O

我　　读　懂了　　这句古诗。
她　　买　好了　　水果。

● 可能补语是在动词和结果补语之间加"得"。否定形式将"得"换成"不"。正反疑问形式是把肯定形式和否定形式并列在一起。如：
Ein Komplement der Möglichkeit wird durch 得 zwischen einem Verb und einem Resultats-Komplement gebildet. Die Verneinungsform wird durch Ersetzen von 得 durch 不 gebildet. Die Frageform entsteht durch Nebeneinanderstellung der positiven und negativen Form des Möglichkeits-Komplements, z. B.:

S	V	得	V			
S	V	不	V			
S	V	得	V	V 不	V	O?

我读得懂。
我读不懂。
你读得懂读不懂古诗？

● 说明动作达到的程度的补语叫程度补语。简单程度补语由形容词担任。动词和程度补语之间要加"得"。否定形式是把"不"放在形容词之前。正反疑问形式是并列补语的肯定和否定形式。如：
Den Grad einer Handlung beschreibende Komplemente werden Komplemente des Grades genannt. Einfache Komplemente des Grades werden gewöhnlich mit Adjektiven und der Strukturpartikel 得 gebildet, die das Verb und sein Komplement des Grades verbindet. Die Verneinungsform wird durch den Gebrauch von 不 vor dem Komplement gebildet. Die Frageform entsteht durch Nebeneinanderstellung der positiven und negativen Form des Komplements, z. B.:

S	O	V	得	Adj

她　英语　说　　得　很　流利。
她　英语　说　　得　不　流利。
她　英语　说　　得　　流利不流利？

● 选择正确的位置　Eine richtige Stellung wählen:

1. 我爸爸的朋友 A 来 B 北京以前没 C 吃 D 中国饭。

过（　　）

2. 北京人说 A 的有的我听 B 懂 C，有的我听 D 不懂。

得（　　）

3. 午饭我 A 妈妈还 B 没 C 做 D 呢。

好（　　）

4. 他弟弟 A 汉语 B 说 C 得 D 流利。

不（　　）

● 选择正确的答案　Eine richtige Antwort wählen:

1. 来北京以后你 _____ 法国大菜?

A. 吃过

B. 吃过没

C. 吃过没吃过

D. 没吃过

2. 我朋友 _____。

A. 写汉字很好

B. 写汉字得很好

C. 写很好汉字

D. 汉字写得很好

3. 他汉语学得 _____?

A. 很好

B. 好不好

C. 好呢

D. 好吗

1	海	hǎi	Meer	上海	Shànghǎi	Shanghai
2	电[電]	diàn	Elektrizität			
3	视[視]	shì	sehen, sich ansehen	电视	diànshì	Fernsehen
4	台[臺]	tái	Station, Stand, Plattform	电视台	diànshìtái	Fernsehstation
5	节[節]	jié	Fest, Festival, Knoten, Gelenk, Abschnitt			
6	目	mù	Auge, Posten, Ordnung	节目	jiémù	Programm
7	主	zhǔ	Gastgeber, Herr, Eigentümer, Allah			
8	持	chí	halten, stützen, unterstützen	主持人	zhǔchírén	Moderator(in)
9	细[細]	xì	dünn, schmal, fein, sorgfältig			
10	高	gāo	hoch	高个儿	gāogèr	Schlaks
11	瘦	shòu	dünn, mager			
12	腿	tuǐ	Bein			
13	瓜	guā	Melone, Kürbis	瓜子	guāzǐ	Melonenkerne
14	脸[臉]	liǎn	Gesicht			
15	眼	yǎn	Auge			
16	睛	jīng	Augapfel	眼睛	yǎnjing	Auge
17	美	měi	schön, hübsch; Amerika			
18	丽[麗]	lì	schön	美丽	měilì	schön
19	迷	mí	faszinieren, bezaubern, irreführen; Fan	迷人	mírén	faszinierend
20	谁[誰]	shéi	wer			
21	够	gòu	genug; ausreichen, genügen			
22	精	jīng	raffiniert, verfeinert; Extrakt, Essenz			
23	神	shén	Geist, Gott	精神	jīngshen	energisch, lebhaft
24	简[簡]	jiǎn	einfach			
25	直	zhí	gerade	简直	jiǎnzhí	einfach, überhaupt
26	像	xiàng	ähnlich; aussehen wie; Bild, Porträt			
27	影	yǐng	Schatten	影片	yǐngpiàn	(Kino)Film
28	片	piān		影片儿	yǐngpiānr	(Kino)Film
		piàn	Scheibe, kleines Stück; (Zählwort)	名片	míngpiàn	Visitenkarte
29	模	mó	Modell, Norm, Muster, Vorbild			
30	特	tè	speziell	模特儿	mótèr	Modell

短
句

上海电视台节目主持人，细高个儿，瘦长腿，瓜子脸，眼睛美
丽迷人，谁都说够精神的，简直像影片儿中的模特儿。

Shànghǎi diànshìtái jiémù zhǔchírén, xìgāogèr, shòucháng tuǐ, guāzǐ liǎn, yǎnjing měilì mírén, shéi dōu shuō gòu jīngshen de, jiǎnzhí xiàng yǐngpiānr zhōng de mótèr.

繁
體

上海電視臺節目主持人，細高個兒，瘦長腿，瓜子臉，眼睛美
麗迷人，誰都説够精神的，簡直像影片兒中的模特兒。

组 词	口 语
海军　　Marine 节日　　Fest 目前　　zur Zeit 主要　　hauptsächlich 主人　　Gastgeber, Herr 支持　　unterstützen 细心　　sorgfältig 高中　　Oberstufe 　　　　(Oberschule) 高中生　高中的学生 高大　　hoch und groß 瘦小　　dünn und klein 瘦肉　　mageres Fleisch 美国　　USA 美学　　Ästhetik 美学家　Ästhetiker(in) 美食家　Feinschmecker(in) 眼前　　im Moment 眼科　　Augenheilkunde 眼界　　Blickfeld 能够　　können 简单　　einfach 简写　　vereinfachte Form 简化　　vereinfachen 一直　　immer, geradeaus 电车　　Straßenbahn 电台　　Rundfunkstation 电影　　Film 电影迷　Filmfan 名片　　Visitenkarte 图片　　Bild 肉片　　Fleischschnitzel 特点　　Besonderheit	◆ 你家有几口人？ ◇ 我家有五口人，我父母、我、我爱人和一个孩子，三世同堂。 ◆ 你就有一个孩子？ ◇ 我们一直想要两个孩子，可是不行啊！如果再生一个，那问题就大了！ ◆ 你爱人干什么工作？ ◇ 她是新闻记者。 ◆ 她在哪个单位工作？ ◇ 她在北京电台工作，她每天很晚回家。 ◆ 你孩子工作了吗？ ◇ 没有，他现在上高中，明年准备考大学。 ◆ 将来他想干什么工作？ ◇ 目前他说，他想当电视节目主持人。 ◆ 你知道这图片上的人是谁吗？ ◇ 她是一位电影明星。 ◆ 你能够说出她是哪国人吗？ ◇ 能，这很简单。她是美国人，以前是模特儿。她的主要特点是长得又瘦又高。节日的时候，她还经常来上海电视台主持英语节目。 ◆ 你怎么知道得那么多啊？ ◇ 我认识她，我这儿有她的名片。 ◆ 你准是个电影迷！ ◇ 说不上是电影迷，我是搞美学的，知道多点儿。

海	电	视	台	节	目	主	持	细	高
瘦	腿	瓜	脸	眼	睛	美	丽	迷	谁
够	精	神	简	直	像	影	片	模	特

语 法　GRAMMATIK

- 疑问代词有时不表示疑问，而是代替任何人、任何事物或任何方式，后面常有副词"都"或"也"。如：
Interrogativpronomen werden manchmal nicht zur Bezeichnung von Fragen gebraucht, sondern beziehen sich auf irgendjemand, etwas oder eine Art und Weise, oft gefolgt von 都 oder 也, z. B.:

　　　谁都说够精神的。　　（每个人都说够精神的。）

　　　我什么也不吃。　　　（我各种食品都不吃。）

　　　我哪儿都想去。　　　（每个地方我都想去。）

　　　我怎么去都行。　　　（我坐汽车去，坐地铁去，骑自行车去都行。）

- "出""上""到""见"等动词常作结果补语。如：
Die Verben 出, 上, 到 und 见 werden oft als Komplemente des Resultats gebraucht, z. B.:

S	Vv	O
我能	说出	她是谁。
你能	写出	他的名字吗？
他	考上	研究生了。
她	爱上了	一个法国人。
我	见到了	他一家人。
我	买到了	那本书。
我	坐到	北京大学。　（坐车）
我	学到	今年七月。
他	听见了	我说什么。
我	遇见了	一个朋友。

- 能愿动词"能""想""要""可以"在动词前，否定时用"不"。如：
Die Hilfsverben 能, 想, 要 und 可以 stehen im Satz vor dem Hauptverb und werden durch den Gebraucht von 不 vor sich verneint, z. B.:

S	V	V	O
我	能	读懂	古诗。
我	不能	去	上课。
她	想	去	旅行。
他	想	考	研究生。
我	要	买	一本汉语书。
他	要	回	国。
后天 他	可以	来	我家。
明天 我 不	可以	去	教室。

● 选择正确的位置　Eine richtige Stellung wählen:

1. 你 A 能 B 写 C 你的老师的名字 D 吗?

出（　　　）

2. 他孩子今年 A 考 B 了 C 大学的研究生 D。

上（　　　）

3. 最后我在 A 书店 B 买 C 了 D 那本语法书。

到（　　　）

4. 昨天我 A 在街上 B 遇 C 了 D 一位老朋友。

见（　　　）

● 选择正确的答案　Eine richtige Antwort wählen:

1. 我能说 ＿＿＿＿＿＿ 他叫什么名字。

A. 见

B. 到

C. 上

D. 出

2. 他的孩子大学毕业后很 ＿＿＿＿＿＿ 考研究生。

A. 能

B. 可以

C. 要

D. 想

3. 他说:"我哪儿都想去。"也就是说,他 ＿＿＿＿＿＿。

A. 知道去哪儿

B. 不知道去哪儿

C. 什么地方都想去

D. 想去的地方很多

1	超	chāo	überholen; super-			
2	级[級]	jí	Klasse, Grad, Niveau	超级	chāojí	super-
3	市	shì	Stadt, Markt			
4	场[場]	chǎng	Platz, Markt	市场	shìchǎng	Markt
5	卖[賣]	mài	verkaufen			
6	妇[婦]	fù	Frau, Weib	妇女	fùnǚ	Frau
7	装	zhuāng	Kleidung; vortäuschen	服装	fúzhuāng	Kleidung
8	红[紅]	hóng	rot			
9	白	bái	weiß			
10	黑	hēi	schwarz			
11	绿[綠]	lǜ	grün			
12	橘	jú	Orange			
13	黄	huáng	gelb	橘黄	júhuáng	orange
14	深	shēn	tief, dunkel			
15	蓝[藍]	lán	blau	深蓝	shēnlán	dunkelblau
16	浅[淺]	qiǎn	seicht, leicht, hell			
17	灰	huī	grau; Asche, Staub	浅灰	qiǎnhuī	hellgrau
18	色	sè	Farbe			
19	选[選]	xuǎn	Wahl; auswählen			
20	择[擇]	zé	auswählen, aussuchen	选择	xuǎnzé	auswählen, ausscheiden
21	穿	chuān	anziehen, ankleiden, durchlöchern, gehen durch			
22	颜[顏]	yán	Farbe, Gesicht	颜色	yánsè	Farbe
23	式	shì	Typ, Stil, Form, Muster			
24	样[樣]	yàng	Aussehen, Muster, Beispiel	式样	shìyàng	Stil, Typ, Muster, Modell
25	反	fǎn	umgekehrt; gegen			
26	映	yìng	spiegeln, widerspiegeln	反映	fǎnyìng	widerspiegeln
27	性	xìng	Natur, Sex, Geschlecht			
28	格	gé	Quadrat, Stil, Muster	性格	xìnggé	Natur, Charakter, Eigenschaft
29	需	xū	Notwendigkeit; brauchen, müssen			
30	求	qiú	Forderung, Nachfrage	需求	xūqiú	Bedarf, Nachfrage

短句 超级市场上卖的妇女服装有红的、白的、黑的、绿的、橘黄、深蓝和浅灰色的，选择穿什么颜色和式样的反映了人的性格和需求。

Chāojí shìchǎng shang mài de fùnǚ fúzhuāng yǒu hóng de, bái de, hēi de, lǜ de, júhuáng, shēnlán hé qiǎnhuīsè de, xuǎnzé chuān shénme yánsè hé shìyàng de fǎnyìngle rén de xìnggé hé xūqiú.

繁體 超級市場上賣的婦女服裝有紅的、白的、黑的、綠的、橘黃、深藍和淺灰色的，選擇穿什麼顏色和式樣的反映了人的性格和需求。

组 词	
年级	Jahrgang
北京市	Stadt Beijing
商场	Kaufhaus, Basar
运动场	Sportplatz
买卖	Geschäft
妇科	Gynäkologie
女装	Frauenbekleidung
男装	Herrenbekleidung
时装	Kleidermode
口红	Lippenstift
红茶	schwarzer Tee
绿茶	grüner Tee
橘子	Mandarine
明白	verstehen
白天	am Tage
白酒	Schnaps
黄瓜	Gurke
红色	rot
黑色	schwarz
黄色	gelb
蓝色	blau
绿色	grün
选用	aussuchen, auswählen
一样	gleich
怎么样	wie
什么样	welche
反面	Rückseite
女性	weiblich
男性	männlich
人性	menschliche Natur
需要	brauchen
要求	Bedarf

口 语

在服装店

◆ 先生，有女式大衣吗？

◇ 有，这些都是女式大衣，这是大人穿的，这是小孩儿穿的。有红的、蓝的，您要什么颜色的？

◆ 我不喜欢红色和蓝色的，有绿色的吗？

◇ 有。您穿多大号的？什么样的？

◆ 我穿中号的，一百公分的，这样的。

◇ 小姐，这件绿色的怎么样？

◆ 很漂亮，可是有点儿小，有没有大一点儿的？

◇ 这件长一点儿，颜色跟那件一样。

◆ 好，我买这件，多少钱一件？

◇ 八百三十。

◆ 有点儿贵，五百块钱怎么样？

◇ 不行，不行。如果您真想要，七百五十。

◆ 好，七百五十。

◇ 我真不明白你们外国人有那么多钱，怎么还老说，贵，贵，贵什么的。

◆ 我们是学生，还没工作呢，没有很多钱，如果我们有很多钱，就不到你这儿买衣服了，就去大商场了。我们也不明白，在北京市怎么一样的衣服，要的钱不一样呢？这需要研究研究。

◇ 你不是买卖人，你懂吗？有的人要的衣服又好，又不贵，有的人就要不贵的，人们的要求不同。

超	级	市	场	卖	妇	装	红	白	黑
绿	橘	黄	深	蓝	浅	灰	色	选	择
穿	颜	式	样	反	映	性	格	需	求

语 法　GRAMMATIK

- "跟……一样"表示两种事物比较的结果是相同的。如：

  跟…(不)一样 wird gebraucht, um zwei Dinge zu vergleichen, ob sie gleich sind, z. B.:

A	跟	B	(不)	一样
这件的颜色	跟	那件		一样。
我的笔	跟	他的笔		一样。
我的书	跟	她的	不	一样。

- "跟……一样"可以放在形容词前。如：

  跟…一样 kann vor einem Adjektiv gebraucht werden, z. B.:

A	跟	B	(不)	一样	Adj
这件衣服	跟	那件		一样	贵。
这条裤子	跟	那条		一样	长。
我的毛衣	跟	她的	不	一样	大。

- "跟……一样"可以作定语。如：

  跟…一样 kann als Attribut gebraucht werden, z. B.:

	一样	的	Sust
我要买一件跟那件	一样	的	衣服。
这是三本	一样	的	汉语书。

- "跟……一样"可以作补语。如：

  跟…一样 kann als Komplement gebraucht werden, z. B.:

A	O	V	得	跟	B	(不)	一样	Adj
她	汉语	说	得	跟	中国人		一样	流利。
她		长	得	跟	她姐姐		一样	漂亮。
他		长	得	跟	他弟弟	不	一样	高。

- "……什么的"用于一组词后，表示同类的事物。如：

  …什么的 wird hinter einer Reihe von Wörtern gebraucht und bedeutet „Dinge gleicher Art", z. B.:

  他老说，贵，贵，贵什么的。

  我买了一些书，本子，钢笔什么的。

● **选择正确的位置**　Eine richtige Stellung wählen:

1. 我的 A 这件毛衣 B 他的 C 那件 D 一样。

　　　　　　　　跟（　　　）

2. 我 A 买的衣服 B 跟 C 他买的 D 一样。

　　　　　　　不（　　　）

3. 他的 A 书 B 跟我的书 C 一样 D。

　　　　　　　多（　　　）

4. 我 A 姐姐要买 B 一条跟我 C 一样 D 裤子。

　　　　　　　的（　　　）

● **选择正确的答案**　Eine richtige Antwort wählen:

1. 他买的毛衣的颜色跟橘子的颜色一样。他的毛衣的颜色是 _____。

　　A. 黄的

　　B. 浅黄的

　　C. 橘黄的

　　D. 深黄的

2. 他买了一些书、本子、钢笔什么的。也就是说，_____。

　　A. 他就买了书、本子和钢笔。

　　B. 他不知道他买的是什么。

　　C. 他不知道他买的钢笔是什么钢笔。

　　D. 他买的有书、本子、钢笔……

3. 他穿一百公分的上衣，他穿 _____ 的。

　　A. 小号

　　B. 大号

　　C. 中式

　　D. 中号

1	表	biǎo	zeigen; Oberfläche, Formular, Armbanduhr			
2	示	shì	zeigen, weisen	表示	biǎoshì	zeigen, ausdrücken
3	礼[禮]	lǐ	Zeremonie, Geschenk, Höflichkeit			
4	貌	mào	Aussehen, Erscheinung	礼貌	lǐmào	Höflichkeit
5	方	fāng	Viereck, Richtung, Seite, Methode	方式	fāngshì	Weise
6	与[與]	yǔ	und			
7	西	xī	Westen	西方人	xīfāngrén	Westler
8	区[區]	qū	Bezirk, Gebiet; unterscheiden			
9	别	bié	Abschied, Unterschied; anderes; nicht (tun)	区别	qūbié	unterscheiden
10	确[確]	què	wirklich, tatsächlich, wahr			
11	实[實]	shí	solid, wahr; Wahrheit	确实	quèshí	wirklich; gewiss
12	比	bǐ	vergleichen			
13	较[較]	jiào	relativ, ziemlich	比较	bǐjiào	vergleichen; relativ
14	显[顯]	xiǎn	anzeigen, zeigen, erscheinen	明显	míngxiǎn	deutlich, klar
15	例	lì	Beispiel, Fall; zum Beispiel	例如	lìrú	zum Beispiel
16	关[關]	guān	zumachen, ausmachen, einschließen, betreffen			
17	系[係]	xì	System, Fakultät; sich beziehen	关系	guānxi	Beziehung
18	密	mì	eng, dicht, geheim; Geheimnis			
19	切	qiè	entsprechen; eng, intim, dringend	密切	mìqiè	eng, nahe, intim
20	或	huò	oder			
21	亲[親]	qīn	innig, intim; Eltern, Verwandte(r)			
22	近	jìn	nahe; sich nähern	亲近	qīnjìn	eng verbunden, vertraut
23	之	zhī	(Strukturpartikel)	之间	zhījiān	zwischen, unter
24	互	hù	einander; gegenseitig			
25	相	xiāng	einander; gegenseitig	互相	hùxiāng	einander; wechselseitig
		xiàng	Aussehen, Gesichtszüge, Foto			
26	帮[幫]	bāng	helfen			
27	助	zhù	helfen	帮助	bāngzhù	helfen
28	必	bì	sicher, gewiss, unbedingt			
29	总[總]	zǒng	immer, total			
30	谢[謝]	xiè	danken	谢谢	xièxie	se lo agradezco

短句 中国人表示礼貌的方式与西方人区别确实比较明显，例如：关系密切或亲近的人之间互相帮助的时候，不必总说："谢谢！"

Zhōngguórén biǎoshì lǐmào de fāngshì yǔ xīfāngrén qūbié quèshí bǐjiào míngxiǎn, lìrú: Guānxi mìqiè huò qīnjìn de rén zhījiān hùxiāng bāngzhù de shíhou, búbì zǒng shuō: "Xièxie!"

繁體 中國人表示禮貌的方式與西方人區別確實比較明顯，例如：關係密切或親近的人之間互相幫助的時候，不必總說："謝謝！"

组 词	
表现	ausdrücken
代表	Vertreter; vertreten
发表	veröffentlichen
地方	Region, Ort
方法	Methode
方面	Aspekt
礼品	Geschenk
东西	Ding
中式	中国式
西式	westlicher Stil
西服	Anzug
西餐	westliche Küche
西瓜	Wassermelone
差别	Unterschied
特别	besonders
别的	anderes
别去	nicht gehen
实现	realisieren
例子	Beispiel
比如	zum Beispiel
有关	betreffen
一切	alles
或者	oder
父亲	Vater
母亲	Mutter
亲密	innig
亲爱的	lieb
之中	unter
相片	Foto
相反	im Gegenteil
最近	vor kurzem
总是	immer

口 语

◆ 昨天下午你去什么地方了？

◇ 我去商场买东西了。

◆ 你买什么东西了？

◇ 我买了点儿礼品和一件西服。

◆ 中国的西服比法国的贵吗？

◇ 中国的西服没有法国的那么贵，可是有的西服比法国的好。特别是男式西服，中国的西服上衣和西服裤子跟法国的差不多一样。

◆ 中国和法国在吃饭方面有什么区别？

◇ 区别可大了。比如说：中国菜单上的菜比法国多得多。中国菜是很多菜一块儿吃，法国菜是一道一道吃。法国的黄瓜没中国的那么好吃。

◆ 在人的方面呢？

◇ 中国姑娘没有法国姑娘那么高，可是有的中国模特儿比法国模特儿漂亮得多。

◆ 最近我父亲和母亲从中国旅行回来说，中国人英语说得比法国人好得多。是真的吗？

◇ 在发音方面是这样，他们有的人英语说得比法国人流利一点儿。有关这方面的例子很多。

◆ 在学习方法上，中国学生和法国学生一样吗？

◇ 不一样。中国学生比较喜欢记，法国学生总是喜欢问问题。或者说，中国学生学得没有法国学生那么活。另外，中国大多数学生喜欢学自然科学，法国学生学习文学的不少。

表	示	礼	貌	方	与	西	区	别	确
实	比	较	显	例	关	系	密	切	或
亲	近	之	互	相	帮	助	必	总	谢

语 法　GRAMMATIK

● 用"比"表示比较的形容词谓语句，其词序如下。否定用"没有"代替"比"。
Der Satz mit Adjektiv-Prikat, in dem 比 zum Vergleichen gebraucht wird, hat die folgende Wortstellung. Die Verneinungsform wird durch Ersetzen von 比 durch 没有 gebildet, z. B.:

A	比(没有)	B	Adj
中国的西服	比	法国的	贵 吗？
中国的西服	比	法国的	贵。
中国的西服	没有	法国的	贵。

● 在用"有"和"没有"的比较句中，"那么"可以放在形容词前。如：
Im Satz des Vergleichs mit 有 oder 没有 kann 那么 vor dem Adjektiv stehen, z. B.:

A	有(没有)	B	那么	Adj
中国的西服	有	法国的	那么	贵。
中国的西服	没有	法国的	那么	贵。

● 在用"比"表示比较的句式中可以在形容词后加上数量词或"一点儿""得多"等表示具体的差别。如：
Das Zahl-Zählwort 一点儿 oder 得多 kann hinter dem Adjektiv stehen, um Differenz auszudrücken, z. B.:

A	比	B	Adj	
他	比	我	大	五岁。
这本书	比	那本书	贵	三块。
我朋友	比	他弟弟	高	一点儿。
中国	比	日本	大	得多。

● 某些动词谓语句也可以用"比……"表示比较。如：
比… kann auch in Sätzen mit Verb-Prädikat gebraucht werden, um Vergleiche auszudrücken, z. B.:

A	比	B	V	V	O
他	比	我	喜欢	吃	中国饭。
我	没有	他那么	想	去	旅行。

● 带程度补语的动词谓语句也可以用"比……"表示比较。如：
比… wird auch im Satz mit Komplement des Grades gebraucht, um Vergleiche auszudrücken, z. B.:

A	O	V	得	比(没有)	B	Adj	
他	汉字	写	得	比	我	好	得多。
他	英语	说	得	比	我	流利	一点儿。
我	法语	说	得	没有	他	好。	

60

● **选择正确的位置**　Eine richtige Stellung wählen:

1. 他 A 穿的西服 B 我 C 的 D 好。

比（　　　）

2. A 在我们学校的 B 日本学生 C 美国学生 D 多。

没有（　　　）

3. 他弟弟 A 比 B 他哥哥 C 一点儿 D。

高（　　　）

4. 我的毛衣比 A 他 B 的 C 贵 D 多。

得（　　　）

● **选择正确的答案**　Eine richtige Antwort wählen:

1. 我十八岁，他十六岁。我比他大几岁？

A. 三岁

B. 二岁

C. 四岁

D. 两岁

2. 我的裤子四十块，他的裤子四百五十块。他的裤子比我的 ＿＿＿＿＿＿＿。

A. 贵一点儿

B. 很贵

C. 非常贵

D. 贵得多

3. 他的衣服不比我的大。也就是说，＿＿＿＿＿＿＿。

A. 他的衣服没有我的大

B. 他的衣服跟我的一样大

C. 他的衣服比我的小

D. 他的衣服可能跟我一样大，也可能比我的小

【 识 字 十 五 】

1	根	gēn	Wurzel, Ursache, Ursprung			
2	据[據]	jù	besetzen; nach, gemäß	根据	gēnjù	nach, gemäß
3	观[觀]	guān	Ansicht; beobachten			
4	察	chá	untersuchen, genau prüfen	观察	guānchá	beobachten
5	村	cūn	Dorf	村子	cūnzi	Dorf
6	里[裏]	lǐ	in; innen	村子里	cūnzì li	im Dorf
7	居	jū	wohnen, leben			
8	住	zhù	wohnen, leben	居住	jūzhù	leben, wohnen
9	农[農]	nóng	Landwirtschaft, Land, Bauer			
10	民	mín	Volk	农民	nóngmín	Bauer
11	种[種]	zhǒng	Art, Sorte, Rasse, Samen			
		zhòng	pflanzen, anbauen	种花	zhòng huā	Blumen pflanzen
12	传[傳]	chuán	weitergeben, überliefern, verbreiten			
13	统[統]	tǒng	Einheit, Herrschaft; alle	传统	chuántǒng	Tradition
14	惯[慣]	guàn	gewöhnen	习惯	xíguàn	Gewohnheit
15	收	shōu	erhalten	收到	shōudào	erhalten
16	访[訪]	fǎng	besuchen			
17	客	kè	Gast	客人	kèrén	Gast
18	送	sòng	schenken, geben			
19	物	wù	Ding, Sache	礼物	lǐwù	Geschenk
20	般	bān	Sorte, Art und Weise	一般	yìbān	allgemein, gewöhnlich
21	看	kàn	sehen, blicken, lesen			
22	否	fǒu	verneinen; nein; ob			
23	则[則]	zé	Standard, Regel	否则	fǒuzé	ansonst, andernfalls
24	会[會]	huì	können, treffen; Sitzung, Gesellschaft			
25	让	ràng	lassen, nachgeben; durch, von (in Passivform)			
26	笑	xiào	lachen, lächeln			
27	话[話]	huà	Wort, Rede	笑话	xiàohua	Witz, Scherz
28	被	bèi	Bettdecke; durch, von (in Passivform)			
29	议[議]	yì	diskutieren			
30	论[論]	lùn	diskutieren; Theorie	议论	yìlùn	sprechen über, diskutieren

短句 根据我的观察，在村子里居住的农民有种传统习惯，收到来访客人送的礼物以后一般不打开看，否则会让人笑话和被人议论。

Gēnjù wǒ de guānchá, zài cūnzi li jūzhù de nóngmín yǒu zhǒng chuántǒng xíguàn, shōudào láifǎng kèrén sòng de lǐwù yǐhòu yìbān bù dǎkāi kàn, fǒuzé huì ràng rén xiàohua hé bèi rén yìlùn.

繁體 根據我的觀察，在村子裏居住的農民有種傳統習慣，收到來訪客人送的禮物以後一般不打開看，否則會讓人笑話和被人議論。

62

组　词	口　语

<table>
<tr><td>根本</td><td>Grund, Basis</td></tr>
<tr><td>据说</td><td>Man sagt, dass…</td></tr>
<tr><td>观点</td><td>Gesichtspunkt</td></tr>
<tr><td>农村</td><td>ländlich</td></tr>
<tr><td>农业</td><td>Landwirtschaft</td></tr>
<tr><td>里面</td><td>Innenseite; innen</td></tr>
<tr><td>人民</td><td>Volk</td></tr>
<tr><td>品种</td><td>Art, Rasse</td></tr>
<tr><td>传真</td><td>Telefax</td></tr>
<tr><td>访问</td><td>besuchen</td></tr>
<tr><td>客厅</td><td>Wohnzimmer</td></tr>
<tr><td>送礼</td><td>Geschenk machen</td></tr>
<tr><td>人物</td><td>Persönlichkeit</td></tr>
<tr><td>动物</td><td>Tier</td></tr>
<tr><td>食物</td><td>Nahrungsmittel</td></tr>
<tr><td>物理</td><td>Physik</td></tr>
<tr><td>欢送</td><td>sich verabschieden</td></tr>
<tr><td>看书</td><td>ein Buch lesen</td></tr>
<tr><td>看电影</td><td>sich einen Film ansehen</td></tr>
<tr><td>看得懂</td><td>verstehen können</td></tr>
<tr><td>社会</td><td>Gesellschaft</td></tr>
<tr><td>会说</td><td>sprechen können</td></tr>
<tr><td>会话</td><td>Konversation</td></tr>
<tr><td>会见</td><td>treffen</td></tr>
<tr><td>会场</td><td>Versammlungsort</td></tr>
<tr><td>开会</td><td>eine Sitzung halten</td></tr>
<tr><td>说话</td><td>sprechen</td></tr>
<tr><td>北京话</td><td>Beijing-Dialekt</td></tr>
<tr><td>电话</td><td>Telefon</td></tr>
<tr><td>被子</td><td>Bettdecke</td></tr>
<tr><td>理论</td><td>Theorie</td></tr>
<tr><td>论文</td><td>Abhandlung</td></tr>
</table>

口语

◆ 你会说汉语吗？

◇ 我会说一点儿，可是，看不懂中文电视和电影。

◆ 你看得懂中国古代小说吗？

◇ 我看得懂《西游记》，别的小说看不懂。

◆ 一般人都学英语，是谁让你学汉语的？

◇ 我父亲。他退休前访问过中国，他很喜欢中国古老的文化。一位作家送他一本书叫《老子》。他跟我说，要写论文和研究道家理论，就要看这本书，书里面的话和老子的一些观点很有道理，他代表了那个时代一些中国人的想法。

◆ 老子是谁？是什么人？

◇ 他是两千年以前中国的一位很有学问的人，是中国古代道家的代表人物。

◆ 据说，中国是个农业国，现在中国的社会问题不少，这是真的吗？

◇ 社会问题有是有，不过，跟记者们说的不一样。一个朋友打电话问我："据说，现在有很多农村人到北京去，他们没有工作，没有饭吃，是真的吗？"我跟他说，根本不是那样，我在北京看到的是：不少从农村来的人都有工作，他们有的卖菜，有的开商店，有的做买卖，有的人还买了汽车。一般来说，他们生活得还不错。

◆ 被你这么一说，我也想学点儿汉语，到中国去好好儿看看。

根	据	观	察	村	里	居	住	农	民
种	传	统	惯	收	访	客	送	物	般
看	否	则	会	让	笑	话	被	议	论

● 能愿动词"会"的用法举例：
Der Gebrauch des Hilfsverbs 会 z. B.:

S	V	V	O
我	会	说 一点儿	汉语。
我	不会	说	汉语。
你	会不会	说	汉语？

● 用介词"被""让""叫"可以构成被动句。"被"用于书面语，口语中多用"让"和"叫"。如：
Die Passivsätze werden mit den Präpositionen 被, 让 und 叫 gebildet. 被 wird in der Schriftsprache und 让 und 叫 zumeist in der Umgangssprache gebraucht, z. B.:

O	被	S	V
（我）	被	你	这么一说，　我也想学点儿汉语。
他	被	那个人	打了。
他	被	大家	议论。
他	被	我	看见了。
我的啤酒	让	他	喝了。
那个菜	让	他	吃了。
他的名字	叫	我们	知道了。
他买的衣服	叫	我	看见了。

● "让"也常用于兼语句，"让"表示要求别人做某事。如：
让 wird auch oft im Satz mit Doppelfunktionswort gebraucht und steht gewöhnlich unmittelbar hinter der Person, die aufgefordert wird, etwas zu tun, z. B.:

S	V	O	V	O
我父亲	让	我	学	汉语。
老师	让	我	去	买一本书。
他	让	我	问	你。

● 形容词重叠后常作状语修饰动词。形容词重叠后可以加"地"。如：
Wenn verdoppelt, dient ein Adjektiv oft als Adverbialbestimmung für das Verb, und das verdoppelte Adjektiv kann 地 hinter sich haben, z. B.:

S	Adj	Adj	（地）	V	O
你	好	好 儿		看看	这本书。
你	好	好 儿	地	看看	这本书。
我	好	好 儿		学习	汉语。
我	好	好 儿	地	学习	汉语。

● **选择正确的位置**　Eine richtige Stellung wählen:

1. 他 A 说，昨天 B 他 C 他的同学 D 打了。

被（　　　）

2. 张老师 A 我 B 去商店 C 买 D 两个本子。

让（　　　）

3. 父母让我在 A 北京 B 好好儿 C 学习 D 中文。

地（　　　）

4. A 北京人 B 都 C 骑自行车 C 上班。

一般（　　　）

● **选择正确的答案**　Eine richtige Antwort wählen:

1. 她 ＿＿＿＿＿＿ 开汽车，不过，开得不太好。

　A. 能

　B. 可以

　C. 想

　D. 会

2. 如果我们不懂，老师 ＿＿＿＿＿＿ 我们问她。

　A. 被

　B. 让

　C. 叫

　D. 说

3. 她认真 ＿＿＿＿＿＿ 跟我说："真的，这不是我的。"

　A. 的

　B. 得

　C. 地

　D. 很

北京的白塔寺

中 国 见 闻

　　我是一名英国记者，在北京工作已经五年多了。中国人常常叫外国人"老外"，这么，我就起了个中国名字"老外"。

　　我的汉语是到北京以后学的。现在我跟中国人说话一般都不用翻译。我的发音不怎么好，不过，他们还听得懂。

　　通过同事和朋友们的介绍，我认识了很多中国人。他们之中有不少名人、学者、教师、诗人、数学家、物理学家和美食家，也有工人和农民。在这五年中，我的见闻不少，都是过去从来没见过的，真是大开了眼界，长了不少见识。

　　有一天，我去农村看一个朋友。喝茶的时候，他问我："您今年多大了？"我是个女的，当时一听，脸就红了，我真不知道回答什么。他一看我脸红了，就不问了。过了一会儿，他爱人又问我："每个月你有多少钱？"这时，我真想回家了，心想，这家人怎么这么不懂礼貌，我真是认错人了。后来我知道了，这是中国人的习惯，跟新认识的人，他们很喜欢问你个人的事儿，特别是农村人。知识分子、文化人不大问这方面的问题。

　　有时候，我说话，中国人也不大喜欢听。有一天，我在街上遇见一女友。她长得挺漂亮，腿很长，个子很高，瘦瘦的，简直就像个模特儿。一见面，我就说："你真瘦！"她好像不喜欢听我说她长得这么瘦。她说："是吗？那我可要多吃点儿肉了。"

　　我还发现中国女人，特别是姑娘们不喜欢穿黑色的衣服。一天，我去商店买件上衣。那个商店的服装五颜六色，就是没黑色的。我问时装店的小姐："有黑色的吗？"她笑着说："红的、黄的，多好看！谁买黑色的啊！"

　　中餐和西餐区别很大。中国人喝酒的习惯和西方人也不同。他们吃饭的时候常常喝白酒，喜欢干杯，有时候，一下子喝一瓶。我们喝白酒是饭后喝一小杯，他们就像喝白开水。如果你跟他们一起吃饭，不喝酒的话，不礼貌，要是喝，还真是喝不下去。

　　中国的水比啤酒还贵。有一天，我跟一位朋友去餐厅吃饭。我们很渴，要了两瓶啤酒和一瓶水。服务员说："两瓶啤酒三块五，一瓶水五块。"我问她："你是不是搞错了？水能比啤酒贵吗？"那位小姐笑着回答："没错，水当然比啤酒贵了！您真是老外！"

1	感	gǎn	ich fühlen, berühren, bewegen, beeinflussen			
2	冒	mào	emporsteigen; trotz, ungeachtet	感冒	gǎnmào	Erkältung
3	烧[燒]	shāo	Fieber; brennen	发烧	fāshāo	Fieber haben
4	肚	dù	Bauch	肚子	dùzi	Bauch
5	舒	shū	strecken, ausbreiten; gemächlich	舒服	shūfu	angenehm, komfortabel
6	头[頭]	tóu	Kopf, Chef			
7	疼	téng	schmerzen; weh tun			
8	死	sǐ	Tod; sterben	死了	sǐ le	tot; zum Tod
9	省	shěng	Provinz; sparsam; sparen			
10	立	lì	gründen, stehen, aufrichten			
11	医[醫]	yī	Medizin			
12	院	yuàn	Hof, Institut, Krankenhaus	医院	yīyuàn	Krankenhaus
13	夫	fū	Mann, Ehemann	大夫	dàifu	Arzt, Doktor
14	给[給]	gěi	geben; für			
15	检[檢]	jiǎn	untersuchen, überprüfen			
16	查	chá	nachprüfen, untersuchen,	检查	jiǎnchá	überprüfen, untersuchen
17	讲[講]	jiǎng	sagen, erzählen, erklären			
18	着	zhe	(Verbalsuffix)	坐着	zuòzhe	sitzen
		zháo	berühren, getroffen sein	着凉	zháoliáng	sich erkälten
19	凉	liáng	kühl, kalt			
	害	hài	Übel, Katastrophe; schädlich; schädigen			
20	怕	pà	Angst; fürchten, befürchten	害怕	hàipà	Angst haben, fürchten
21	病	bìng	Krankheit, Fehler; erkranken			
22	太	tài	zu, äußerst			
23	严[嚴]	yán	verschlossen, streng, strikt			
24	重	zhòng	schwer, wichtig; Gewicht	严重	yánzhòng	ernst, kritisch
25	注	zhù	Anmerkung; gießen			
26	意	yì	Wille, Idee, Meinung	注意	zhùyì	Aufmerksamkeit, Achtung
27	息	xī	Atem, Zinsen	休息	xiūxi	sich ausruhen
28	药[藥]	yào	Medizin, Medikament			
29	吧	ba	(Modalpartikel)			
30						

短句 我感冒了，发烧，肚子不舒服，头疼死了。省立医院大夫给我检查后讲："是着凉，别害怕，病不太严重，注意休息，吃些药吧。"

Wǒ gǎnmào le, fāshāo, dùzi bù shūfu, tóu téngsǐ le. Shěnglì yīyuàn dàifu gěi wǒ jiǎnchá hòu jiǎng: "Shì zháoliáng, bié hàipà, bìng bú tài yánzhòng, zhùyì xiūxi, chī xiē yào ba."

繁體 我感冒了，發燒，肚子不舒服，頭疼死了。省立醫院大夫給我檢查後講："是着凉，別害怕，病不太嚴重，注意休息，吃些藥吧。"

组 词	
感谢	danken
感想	Eindrücke
感到	sich fühlen, merken
头发	Haar
山西省	Provinz Shanxi
立刻	sofort
医生	Arzt, Ärztin
医学	Medizinwissenschaft
西医	westliche Medizin
中药	中医用的药
西药	西医用的药
药店	Apotheke
药方	Rezept
学院	Institut
院子	Hof
夫人	Frau, Ehefrau
夫妇	Ehepaar
送给	schenken
讲话	sprechen, sagen
讲课	unterrichten
买着了	买到了
笑着说	lächelnd sagen
病人	Patient(in)
生病	erkranken
得病	krank werden
看病	zum Arzt gehen
太太	Frau
严格	strikt
重要	wichtig
超重	Übergewicht
同意	einverstanden sein
意见	Idee, Meinung

口 语

去医院看病

◆ 小姐，小儿科在哪儿？

◇ 前面是妇科和眼科，过这两个科就是小儿科。

◆ 谢谢！
　大夫，我的孩子感冒了，他老说头疼。

◇ 是男孩儿还是女孩儿啊？几岁了？

◆ 是男孩儿，今年八岁。

◇ 您坐着说。他发不发烧？哪儿不舒服？

◆ 有点儿发烧，有两天没怎么吃东西了。有时候他还说肚子疼。

◇ 着凉了。我给他开点儿药。他能吃中药吗？

◆ 我这孩子不喜欢吃中药。

◇ 这是药方，前面就是药店。我开的是西药。每天饭后吃两片，多给孩子喝开水。这一个星期别让他去上学了。别害怕，过两天就好了。

◆ 我同意你的意见。大夫，太感谢你了！

◇ 没什么，要是有什么问题，立刻给我打电话。

　　中医是中国的传统医学，在中国有几千年了。现在在中国的医科大学可以学习中医。北京还有一个中医研究院。有的病吃中药比吃西药好，我的一个朋友得了重病，西医说，他最多还能活几个月，可是吃中药以后，现在还没死，活得好好儿的。在中国有不少人生病的时候喜欢看中医。

感	冒	烧	肚	舒	头	疼	死	省	立
医	院	夫	给	检	查	讲	着	凉	害
怕	病	太	严	重	注	意	息	药	吧

语　法　　GRAMMATIK

- 以主谓结构作谓语的句子，其主谓结构的主语所指的人或事物常属于全句主语所代表的人或事物。如：
  Ein Satz, in dem eine Subjekt-Prädikat-Konstruktion als Prädikat dient, wird Satz mit Subjekt-Prädikat-Konstruktion genannt. Im Satz solcher Art bezieht sich die Person oder das Ding, die vom Subjekt der Subjekt-Prädikat-Konstruktion angezeigt werden, oft auf die Person oder das Ding, die im ganzen Satz vom Subjekt vertreten werden, z. B.:

S	S	Adj

  我　肚子　不舒服。
  他　头　　疼。
  她　眼睛　美丽。

- "别"的用法举例：
  Der Gebrauch von 别, z. B.:

S	别	V

  你　别　去　　上课了。
  你　别　让　　孩子去上学了。
  你　别　学习　英语。

- 动词带动态助词"着"可以作状语修饰后面的动词，表示动作的方式。否定形式是"没（有）……着"。如：
  Ein Verb mit der Aspektpartikel 着 kann als Adverbialbestimmung dienen und bezeichnet die Art und Weise der Handlung des folgenden Verbs. Die Verneinungsform ist 没(有)...着, z. B.:

S	V	着	O	V	O

  你　坐着　　说。
  她　笑着　　说。
  他　喝着　茶　看　　电视。

- 介词"给"的用法举例：
  Der Gebrauch der Präposition 给, z. B.:

S	给	O	V	O

  你　给　我　　打　电话。
  我　给　他　　开　点儿药。
  你　给　孩子　喝　开水。

- 语气助词"吧"一种用法是表示请求、命令和商量的语气；一种用法是表示对不肯定的状态的询问。如：
  Die Modalpartikel 吧 am Ende eines Satzes drückt Bitte, Befehl oder Konsultation aus und mindert den Ton des Satzes. 吧 kann auch einen fragenden Ton einer Vermutung ausdrücken, z. B.:

  我们去教室吧！
  好吧！
  你是留学生吧？

● **选择正确的位置**　Eine richtige Stellung wählen:

1. 妈妈 A 跟我说:"要是你 B 不舒服,就 C 去学校 D 上课了。"

别（　　　）

2. 我父亲喜欢 A 喝 B 茶 C 看 D 电视。

着（　　　）

3. 在中国 A 留学的时候,B 他经常 C 他女朋友 D 打电话。

给（　　　）

4. 我跟 A 大夫说 B:"我 C 肚子 D 舒服。"

不（　　　）

● **选择正确的答案**　Eine richtige Antwort wählen:

1. 他看我不会说汉语,就问我:"你是外国人 ＿＿＿＿＿＿＿?"

A. 呢

B. 啊

C. 吗

D. 吧

2. 已经晚上十点了,我跟同学们说:"我们回家 ＿＿＿＿＿＿＿!"

A. 吗

B. 吧

C. 啊

D. 呢

3. 我问一个孩子:"＿＿＿＿＿＿＿?"

A. 你多大了

B. 你多大岁数了

C. 您几岁了

D. 你几岁了

1	因	yīn	*Ursache, Grund; weil, denn*			
2	为[爲]	wèi	*für, um*	因为	yīnwèi	*weil*
		wéi	*tun, handeln, dienen als, werden*	认为	rènwéi	*betrachten*
3	积[積]	jī	*aufhäufen, ansammeln*			
4	极[極]	jí	*äußerst; Pol*	积极	jījí	*aktiv, positiv*
5	参[參]	cān	*teilnehmen*			
6	加	jiā	*addieren, zunehmen*	参加	cānjiā	*teilnehmen*
7	体[體]	tǐ	*Körper*			
8	育	yù	*ziehen, erziehen, gebären*	体育	tǐyù	*Sport*
9	锻[鍛]	duàn	*schmieden*			
10	炼[煉]	liàn	*schmelzen, raffinieren*	锻炼	duànliàn	*sich stählen, Sport treiben*
11	冬	dōng	*Winter*	冬天	dōngtiān	*Winter*
12	滑	huá	*gleiten; glatt, schlau*			
13	冰	bīng	*Eis*	滑冰	huábīng	*Schlittschuh laufen, Eis laufen*
14	夏	xià	*Sommer*	夏天	xiàtiān	*Sommer*
15	河	hé	*Fluss*	河里	hé li	*im Fluss*
16	泳	yǒng	*schwimmen*	游泳	yóuyǒng	*schwimmen*
17	春	chūn	*Frühling*			
18	秋	qiū	*Herbst*			
19	季	jì	*Jahreszeit, Saison*			
20	踢	tī	*mit dem Fuß stoßen, treten, Fußball spielen*			
21	足	zú	*Fuß*			
22	球	qiú	*Ball*	足球	zúqiú	*Fußball*
23	排	pái	*Reihe; reihen, ordnen; (Zählwort)*	排球	páiqiú	*Volleyball*
24	进[進]	jìn	*vorgehen, betreten; fortgeschritten*	进行	jìnxíng	*verlaufen, im Gang sein*
25	赛[賽]	sài	*Wettspiel, Wettkampf*	比赛	bǐsài	*Wettkampf, Wettspiel*
26	所	suǒ	*Platz*	所以	suǒyǐ	*deshalb*
27	身	shēn	*Körper*	身体	shēntǐ	*Körper*
28	越	yuè	*überschreiten, überholen*	越来越	yuèláiyuè	*mehr und mehr*
29	健	jiàn	*gesund, stark*			
30	康	kāng	*Gesundheit, Wohlbefinden*	健康	jiànkāng	*Gesundheit; gesund*

短句 因为他积极参加体育锻炼，冬天滑冰，夏天去河里游泳，春秋两季踢足球、打排球，进行比赛，所以身体越来越健康。

Yīnwèi tā jījí cānjiā tǐyù duànliàn, dōngtiān huábīng, xiàtiān qù hé li yóuyǒng, chūn qiū liǎng jì tī zúqiú, dǎ páiqiú, jìnxíng bǐsài, suǒyǐ shēntǐ yuèláiyuè jiànkāng.

繁體 因爲他積極參加體育鍛煉，冬天滑冰，夏天去河裏游泳，春秋两季踢足球、打排球，進行比赛，所以身體越来越健康。

组 词	口 语

组 词

为了	für
为什么	warum
认为	betrachten
以为	glauben
面积	Fläche
好极了	Prima! Ausgezeichnet!
多极了	eine große Menge
漂亮极了	sehr schön
参观	besichtigen
教育	Erziehung
教育部	Ministerio de Educación
冰鞋	Schlittschuhe
冰场	Eis(lauf)bahn
一条河	ein Fluss
黄河	der Gelbe Fluss
河北省	Provinz Hebei
季节	Jahreszeit
春季	Frühling
夏季	Sommer
秋季	Herbst
冬季	Winter
春天	Frühling
秋天	Herbst
前进	vorwärtsgehen
进去	betreten, hineingehen
进来	eintreten, hereinkommen
进口	Import
足球赛	Fußballspiel
足球场	Fußballplatz
球迷	(Fußball)Fan
研究所	Forschungsinstitut
所有的	all

口 语

◆ 你喜欢什么运动?

◇ 我喜欢打排球、踢足球。

◆ 你会游泳吗?

◇ 我会游泳,夏天的时候我和爱人、孩子经常去游泳。

◆ 你游泳游得怎么样?

◇ 我游得还可以,我爱人游得比我还好。

◆ 在北京,冬天可以滑冰吗?

◇ 十二月和一月可以滑冰,北京有不少冰场。

◆ 冰鞋贵不贵?

◇ 不太贵,一般的三四百块钱一双,进口的一千多块钱一双。

◆ 中国人喜欢看足球比赛吗?

◇ 中国足球踢得不怎么样,可球迷多极了。

◆ 中国人也喜欢看"世界杯"吗?

◇ 喜欢。"世界杯"期间,有的球迷每场球都看。

◆ 为什么中国人那么喜欢看足球?

◇ 这我没想过,可能是足球比电影好看吧。

◆ 我想参观个足球场,不知中国足球场多不多?

◇ 不多。因为中国人多,地少,所以足球场没有外国那么多。不过,所有的大学和一些省、市的重点中学都有足球场。为了让孩子们身体健康,学校都有体育课。

◆ 我认为,这种做法不错,体育是教育的一部分。

因	为	积	极	参	加	体	育	锻	炼
冬	滑	冰	夏	河	泳	春	秋	季	踢
足	球	排	进	赛	所	身	越	健	康

语 法　GRAMMATIK

- "越来越"的用法举例：

  Der Gebrauch von 越来越，z. B.:

S	越来越	Adj

  我的身体　　越来越　好。
  他的身体　　越来越　不好。
  北京的东西　越来越　贵。
  学习汉语的人 越来越　多。

S	O	V	得 越来越	Adj

  她 汉语 说 得越来越 流利。
  他 汉字 写 得越来越 好。
  她　　 长 得越来越 漂亮。

- "极了"的用法举例：

  Der Gebrauch von 极了, z. B.:

S	Adj	极了

  中国的球迷 多　极了。
  他的女朋友 高　极了。
  这个电影　好看 极了。

S	O	V 得 Adj	极了

  他 英语 说 得好　极了。
  他 女朋友长 得漂亮 极了。

- 连词"因为……所以……"的用法举例：

  Der Gebrauch von 因为... 所以..., z. B.:

因为 Satz,	所以 Satz。

  因为我经常锻炼身体，所以身体很健康。
  因为中国人多，地少，所以足球场不太多。

- "为了"的用法举例：

  Der Gebrauch von 为了, z. B.:

为了 V O ,	S V O

  为了 让　孩子们身体健康，学校 都有　体育课。
  为了 学习 汉语，　　　　我　 来到 北京。

74

● **选择正确的位置**　Eine richtige Stellung wählen:

1. 现在 Ạ 想 Ḅ 在中国工作的 C̣ 人 Ḍ 多。

越来越（　　）

2. 大家都说 Ạ："Ḅ 昨天看的那个电影 C̣ 好看 Ḍ。"

极了（　　）

3. Ạ 将来在北京工作，Ḅ 我 C̣ 来这个大学 Ḍ 学习汉语。

为了（　　）

4. Ạ 他 Ḅ 不想去中国旅行，C̣ 他 Ḍ 不会说汉语。

因为（　　）

● **选择正确的答案**　Eine richtige Antwort wählen:

1. 他问我："你 _____ 不坐出租汽车来呢？"

    A. 为了

    B. 怎么样

    C. 为什么

    D. 怎么

2. 他说："我女朋友英语说得比我还好。"也就是说，_____。

    A. 他英语说得比他女朋友好

    B. 他女朋友英语说得没有他好

    C. 他女朋友英语说得比他好

    D. 他女朋友英语说得不比他好

3. 来北京以前，我 _____ 北京没有地铁呢。

    A. 认为

    B. 以为

    C. 想

    D. 看

1	刚[剛]	gāng	*gerade, eben*			
2	才[纔]	cái	*eben, gerade, eben erst*	刚才	gāngcái	*eben, gerade*
3	广[廣]	guǎng	*breit, weit, ausgedehnt*			
4	播	bō	*senden, säen*	广播	guǎngbō	*senden; Sendung, Rundfunk*
5	气[氣]	qì	*Luft, Gas*			
6	象	xiàng	*Erscheinung, Elefant*	气象	qìxiàng	*Meteorologie*
7	预[預]	yù	*vorher, im Voraus*			
8	报[報]	bào	*berichten; Zeitung*	预报	yùbào	*Voraussage*
9	寒	hán	*kalt*	寒流	hánliú	*Kaltluftströmung*
10	快	kuài	*schnell*			
11	晨	chén	*Morgen*	明晨	míng chén	*morgen früh*
12	雨	yǔ	*Regen*			
13	雪	xuě	*Schnee*			
14	风[風]	fēng	*Wind*			
15	向	xiàng	*Richtung*			
16	偏	piān	*geneigt, schräg*			
17	南	nán	*Süden*	偏南	piān nán	*Süd (geneigt)*
18	低	dī	*niedrig*			
19	温	wēn	*Temperatur; warm*			
20	度	dù	*Grad*	温度	wēndù	*Temperatur*
21	零	líng	*null*	零下	língxià	*unter null*
22	夜	yè	*Nacht*	夜间	yèjiān	*bei Nacht*
23	阴[陰]	yīn	*finster, bedeckt*			
24	转[轉]	zhuǎn	*sich wenden, sich verwandeln*			
25	晴	qíng	*heiter, klar*			
26	云[雲]	yún	*Wolke*			
27	刮	guā	*wehen, blasen*	刮风	guā fēng	*es ist windig, es weht*
28	力	lì	*Kraft*	风力	fēnglì	*Windkraft*
29	变[變]	biàn	*Änderung; (sich) verändern*			
30	约[約]	yuē	*etwa; vereinbaren*			

短句 刚才广播气象预报：寒流快到了，明晨有雨加雪，风向偏南，最低温度零下五度。夜间阴转晴，多云，刮北风，风力变小约四级。

Gāngcái guǎngbō qìxiàng yùbào: Hánliú kuài dào le, míng chén yǒu yǔ jiā xuě, fēngxiàng piān nán, zuì dī wēndù língxià wǔ dù. Yèjiān yīn zhuǎn qíng, duōyún, guā běi fēng, fēnglì biàn xiǎo yuē sì jí.

繁體 剛纔廣播氣象預報：寒流快到了，明晨有雨加雪，風向偏南，最低温度零下五度。夜間陰轉晴，多雲，刮北風，風力變小約四級。

组 词		口 语

组 词		口 语
天气	*Wetter*	◆ 今天天气怎么样？
生气	*sich ärgern*	◇ 今天是阴天，有寒流，刮西北风，天气冷极了。
气候	*Klima*	◆ 今天的气温是多少度？
现象	*Erscheinung*	◇ 最高气温是零上八度，最低气温是零下五度。
预习	*sich präparieren*	◆ 明天下不下雪？
报名	*sich anmelden*	◇ 下雪，天气预报说：明天有小雪。
报道	*berichten*	◆ 你刚才看电视台的天气预报了吧？
日报	*Tageszeitung*	◇ 没有，我看《北京晚报》了，是报上说的。
晚报	*Abendblatt*	◆ 要是下大雪就好了，可以到山上滑雪去。
看报	*Zeitung lesen*	◇ 在北京不能滑雪，去东北可以。
广播员	*Radiosprecher(in)*	◆ 北京的冬天可真够冷的。不知道夏天怎么样？
凉快	*angenehm kühl*	◇ 北京的夏天特别热，有时候最高气温能到
早晨	*Morgen*	四十度。夜里和阴天的时候凉快一点儿。
下雨	*es regnet*	◆ 北京几月份常常下雨？
下雪	*es schneit*	◇ 七八月份。
滑雪	*Ski laufen*	◆ 一年中北京哪个季节最好？
方向	*Richtung*	◇ 一年四季，我认为秋天最好。北京的秋天不冷
体温	*Körpertemperatur*	也不热，经常是晴天。可是秋天时间不长，就
零度	*null, Gefrierpunkt*	两个多月。这个季节来北京旅行的人最多。
零上	*über null*	◆ 北京的春天有什么特点？
夜晚	*Nacht*	◇ 北京的春天和秋天一样，时间都不长。春天的
夜里	*bei Nacht*	时候北京常常刮大风。一不注意，就着凉。
高度	*Höhe, Höhenlage*	◆ 春天的时候，北京的花儿多不多？
阴天	*bedeckt*	◇ 不少，春天的时候，北京黄色的花最多。
晴天	*Sonnentag*	◆ 在中国，南方的气候和北方差别大不大？
南方	*Süden*	◇ 差别比较大。北方还下着雪呢，南方有的地
风格	*Stil*	方花儿都开了。
风度	*(gutes) Benehmen*	
风貌	*Antlitz*	
力气	*Körperkraft*	
能力	*Fähigkeit*	
变化	*Veränderung*	
约会	*Verabredung*	

刚	才	气	象	预	报	广	播	寒	快
晨	雨	雪	风	向	偏	南	低	温	度
零	夜	阴	转	晴	云	刮	力	变	约

- "刚才"的用法举例：
  Der Gebrauch von 刚才, z. B.:

T	S	T	V	O

你　　刚才　听　天气预报了吧？

刚才　他　　　　在　这儿，现在去商店了。

- "快……了"表示动作很快要发生。如：
  快...了 bezeichnet, dass eine Handlung bald passieren wird, z. B.:

S	快	V	O	了

寒流　　快　到　北京　了。

- 把两个相临的数目联系在一起，可以表示概数。如：
  Zwei aufeinander folgende Zahlen werden oft nebeneinander gebracht, um eine ungefähre Zahl auszudrücken, z. B.:

七八月份

五六个人

两三个小时

十八九岁

- "不……也不……"的用法举例：
  Der Gebrauch von 不...也不..., z. B.:

不	Adj	也不	Adj

天气不　冷　　也不　热。

这个地方不　大　　也不　小。

我的钱不　多　　也不　少。

- "都"有时表示已经的意思。如：
  Manchmal bedeutet 都 „schon, bereits", z. B.:

北方还下着雪呢，南方花儿都开了。

现在都十点了，他还没来。

他的孩子都二十五岁了。

- "就"有时表示"只"的意思。如：
  Manchmal bedeutet 就 „nur", z. B.:

秋天时间不长，就两个多月。

我就有十块钱。

他就会说英语。

● **选择正确的位置**　Eine richtige Stellung wählen:

1. A 他 B 在这儿 C，现在不知道 D 他去哪儿了。

   刚才（　　　）

2. A 十一点半了，B 他们 C 怎么还不 D 回来。

   都（　　　）

3. A 这本书太贵，我 B 买不起，C 我 D 有十块钱。

   就（　　　）

4. A 七点五十了，B 我们 C 上课 D 了。

   快（　　　）

● **选择正确的答案**　Eine richtige Antwort wählen:

1. 我的一位老同学昨天 ＿＿＿＿＿＿ 到北京。

   A. 刚

   B. 刚才

   C. 一会儿

   D. 才

2. 经常来北京的人都说："北京的 ＿＿＿＿＿＿ 太快了。"

   A. 变

   B. 有变化

   C. 转

   D. 变化

3. 今天来的 ＿＿＿＿＿＿ 有四五十人。

   A. 差一点儿

   B. 差不多

   C. 约

   D. 大约

1	某	mǒu	gewiss			
2	计[計]	jì	rechnen, zählen; Messgerät, List			
3	算	suàn	rechnen, kalkulieren			
4	机[機]	jī	Maschine, Gerät, Gelegenheit	计算机	jìsuànjī	Computer
5	司	sī	führen, verwalten; Abteilung	公司	gōngsī	Firma, Gesellschaft
6	离[離]	lí	verlassen, trennen, sich entfernen; entfernt, weit von			
7	首	shǒu	Haupt	首都	shǒudū	Hauptstadt (eines Landes)
8	展	zhǎn	exposición; exhibición			
9	览[覽]	lǎn	anschauen, lesen	展览	zhǎnlǎn	Ausstellung
10	馆[館]	guǎn	Halle	展览馆	zhǎnlǎnguǎn	Ausstellungshalle
11	远[遠]	yuǎn	weit, entfernt; bei weitem; Abstand			
12	圆[圓]	yuán	Kreis; rund			
13	园[園]	yuán	Garten, Park	圆明园	Yuánmíngyuán	Yuanmingyuan-Park
14	附	fù	beifügen, beilegen; nahe; nebenan	附近	fùjìn	in der Nähe
15	周	zhōu	Umkreis, Woche			
16	围[圍]	wéi	umgeben; rings, ringsherum	周围	zhōuwéi	Umgebung; um...herum
17	许[許]	xǔ	vielleicht	许多	xǔduō	viel
18	棵	kē	(Zählwort)			
19	树[樹]	shù	Baum			
20	正	zhèng	gerade, aufrecht			
21	对[對]	duì	entgegengesetzt, richtig; gegenüber; behandeln	对面	duìmiàn	gegenüber
22	座	zuò	Sitz; (Zählwort)			
23	楼[樓]	lóu	Gebäude			
24	房	fáng	Haus, Raum, Zimmer	楼房	lóufáng	Gebäude
25	旁	páng	Seite; an der Seite; neben, an			
26	边[邊]	biān	Seite, Grenze, Rand	旁边	pángbiān	an der Seite; neben, an
27	火	huǒ	Feuer, Flamme	火车	huǒchē	Eisenbahn
28	站	zhàn	Station; stehen	火车站	huǒchēzhàn	Bahnhof
29	存	cún	existieren, leben, aufbewahren, deponieren			
30	处[處]	chù	Abteilung, Platz, Stelle; (Zählwort)	存车处	cúnchēchù	Abstellplatz (fürFahrräder)

短
句
某计算机公司离首都展览馆很远，在圆明园附近，周围有许多棵树，正对面有一座楼房，旁边是火车站和存车处。

Mǒu jìsuànjī gōngsī lí shǒudū zhǎnlǎnguǎn hěn yuǎn, zài Yuánmíngyuán fùjìn, zhōuwéi yǒu xǔduō kē shù, zhèng duìmiàn yǒu yí zuò lóufáng, pángbiān shì huǒchēzhàn hé cúnchēchù.

繁
體
某計算機公司離首都展覽館很遠，在圓明園附近，周圍有許多棵樹，正對面有一座樓房，旁邊是火車站和存車處。

组　词	口　语

组词

打算	planen
司机	Fahrer(in)
机会	Gelegenheit
首先	zuerst
发展	Entwicklung
游览	Tour, besichtigen
图书馆	Bibliothek
饭馆	Restaurant
离开	verlassen
公园	Park
也许	vielleicht
正在	gerade bei … sein
正常	normal
正好	passend, genau
正式	offiziell
正确	korrekt
对象	Freund(in), Verlobte(r)
座位	Sitz, Platz
房子	Haus
房间	Zimmer
东边	Osten
西边	Westen
南边	Süden
北边	Norden
里边	innen
外边	draußen
前边	vorn
后边	hinten
上边	oben
下边	unten
汽车站	(Bus)Haltestelle
地铁站	U-Bahn-Station
到处	überall

口语

◆ 你是司机吧？

◇ 是啊，你去哪儿？

◆ 我去圆明园，在那儿我有个约会。

◇ 上车吧，我正好要去那个方向。

◆ 圆明园离北京大学远不远？

◇ 不远，很近，圆明园就在北大旁边。

◆ 你知道北京图书馆在哪儿吗？

◇ 知道，北京图书馆在北京动物园西边。

◆ 北京展览馆在什么地方？

◇ 北京展览馆在动物园东边。

◆ 北京饭店是不是在北京火车站西边？

◇ 对，没错。

◆ 火车站附近有没有饭馆？

◇ 有，多极了。火车站附近到处是饭馆。

◆ 北京火车站旁边有地铁吗？

◇ 有，火车站对面就是地铁站。

◆ 北海公园是不是在市中心？

◇ 差不多，北海公园离市中心不太远。

◆ 坐公共汽车能不能到北海公园？

◇ 可以，北海公园门口就是汽车站。

◆ 我打算明天去游览北海公园，您看怎么坐车？

◇ 您首先坐地铁，坐两站，在西直门下车，然后再坐公共汽车，在北海公园下车。你看，这是北京游览图，下边这个公园就是北海公园。北海公园在一个教堂和一座小山中间。

某	计	算	机	司	离	首	展	览	馆
远	圆	园	附	周	围	许	棵	树	正
对	座	楼	房	旁	边	火	站	存	处

- 方位词可以作主语、宾语、定语，也可以被定语修饰。如：

  Positionswörter können als Subjekt, Objekt und Attribut eines Satzes dienen und auch durch ein Attribut modifiziert werden, z. B.:

  > 前边有很多人。
  > 商店在对面。
  > 对面的楼是图书馆。
  > 大学东边是商场。

- 动词"在"表示存在，这种句子的主语通常是存在的人或事物，宾语是表示方位和处所的名词。如：

  In einem Satz mit dem Existenz bezeichnenden Verb 在 ist das Subjekt in der Regel eine Person oder ein Ding, die existieren, und das Objekt ist ein Substantiv, das Position oder Ort zeigt, z. B.:

S	V	Positionswörter	
北京图书馆	在	动物园	西边。
火车站	在	北京饭店	东边。

- 用"有"表示存在的句子，句子主语通常是表示方位、处所的名词，宾语是存在的人或物。如：

  In einem Satz mit dem Existenz bezeichnenden Verb 有 ist das Subjekt in der Regel ein Substantiv, das Position oder Ort zeigt, und das Objekt ist die Person oder das Ding, die existieren, z. B.:

Positionswörter		V	O
火车站	旁边	有	地铁吗？
大学	附近	有	饭馆吗？
学校	南边	有	一个商店。

- 用"是"表示存在的句子和"有"字句词序一样。如：

  Das Verb 是 kann auch Existenz bezeichnen, und die Wortfolge eines 是-Satzes ist dem 有-Satz ganz gleich, z.B.:

Positionswörter		V	O
火车站	对面	是	地铁站。
饭店	前边	是	停车场。

- 介词"离"的用法举例：

  Der Gebrauch der Präposition 离, z. B.:

A	离	B	远（近）
某计算机公司	离	首都展览馆	很远。
火车站	离	北京饭店	不远。
大学	离	商店	很近。

● **选择正确的位置**　Eine richtige Stellung wählen:

1. A 火车站 B 北京饭店 C 不 D 太远。

离（　　　）

2. A 北京图书馆 B 在 C 动物园 D。

西边（　　　）

3. A 你 B 去商店 C 买点儿东西 D，然后再回家。

首先（　　　）

4. 公共 A 汽车站在 B 商店 C 医院 D 中间。

和（　　　）

● **选择正确的答案**　Eine richtige Antwort wählen:

1. 图书馆在体育馆西边，展览馆在体育馆东边，体育馆在图书馆 _____。

　　A. 南边

　　B. 北边

　　C. 东边

　　D. 西边

2. 我们学院离地铁站不太远。地铁站在学院 _____。

　　A. 前边

　　B. 周围

　　C. 旁边

　　D. 附近

3. 大学周围到处是商店。大学旁边有商店吗？

　　A. 有

　　B. 没有

　　C. 可能有

　　D. 有一个商店

【识字二十】

1	宿	sù	*übernachten*				
2	舍	shè	*Haus, Hütte, Stall*	宿舍	sùshè	*Wohnheim, Wohnungen*	
3	内	nèi	*innen; innerhalb*				
4	净	jìng	*sauber, rein*	干净	gānjìng	*sauber*	
5	屋	wū	*Haus, Zimmer*	屋子	wūzi	*Zimmer, Raum*	
6	墙[墙]	qiáng	*Wand, Mauer*	墙上	qiángshang	*an der Wand*	
7	挂	guà	*hängen*				
8	满[滿]	mǎn	*voll, erfüllt*				
9	著	zhù	*schreiben, verfassen*	著名	zhùmíng	*bekannt, berühmt*	
10	油	yóu	*Öl*				
11	画[畫]	huà	*Malerei, Gemälde; malen*	油画	yóuhuà	*Ölgemälde*	
12	桌	zhuō	*Tisch*	桌上	zhuōshang	*auf dem Tisch*	
13	旧[舊]	jiù	*alt, gebraucht*				
14	言	yán	*Wort; sagen, sprechen*	语言学	yǔyánxué	*Linguistik*	
15	典	diǎn	*Maßstab, Standard*	词典	cídiǎn	*Wörterbuch*	
16	把	bǎ	*(Zählwort, Präposition)*				
17	躺	tǎng	*liegen, sich hinlegen*				
18	椅	yǐ	*Stuhl, Sessel*	躺椅	tǎngyǐ	*Liegestuhl*	
19	摆[擺]	bǎi	*stellen, setzen, legen, schwenken*				
20	整	zhěng	*ordentlich, ganz; in Ordnung bringen*				
21	齐[齊]	qí	*ordentlich, gleichmäßig; gemeinsam, zusammen*	整齐	zhěngqí	*ordentlich*	
22	窗	chuāng	*Fenster*				
23	户	hù	*Tor, Haushalt*	窗户	chuānghu	*Fenster*	
24	架	jià	*Gestell, Regal; stützen*	书架	shūjià	*Bücherregal*	
25	放	fàng	*setzen, stellen, legen*				
26	套	tào	*(Zählwort)*				
27	胡	hú	*(Familienname); rücksichtslos*				
28	适[適]	shì	*angenehm, wohl, geeignet, angemessen*	胡适	Hú Shì	*(Eigenname)*	
29	全	quán	*komplett, vollständig, voll*				
30	集	jí	*Kollektiv, Sammlung*	全集	quánjí	*Gesamtausgabe*	

短句 宿舍内挺干净，屋子墙上挂满了著名的油画，桌上有本旧语言学词典，两把躺椅摆得很整齐，窗户旁的书架上放着一套胡适全集。

Sùshè nèi tǐng gānjìng, wūzi qiáng shang guàmǎnle zhùmíng de yóuhuà, zhuō shang yǒu běn jiù yǔyánxué cídiǎn, liǎng bǎ tǎngyǐ bǎi de hěn zhěngqí, chuānghu páng de shūjià shang fàng zhe yí tào Hú Shì Quánjí.

繁體 宿舍内挺乾净，屋子墙上挂滿了著名的油畫，桌上有本舊語言學詞典，兩把躺椅擺得很整齊，窗户旁的書架上放着一套胡適全集。

组　词		口　语

国内	*Inland*
内部	*intern, inner*
挂号	*Einschreiben*
满意	*zufrieden*
著作	*Werk*
名著	*Meisterwerk*
花生油	*Erdnussöl*
汽油	*Benzin*
画儿	*Bild*
画画儿	*ein Bild malen*
画家	*Maler(in)*
画报	*Illustrierte*
国画	*chinesische Malerei*
旧东西	*gebrauchte o. alte Sachen*
语言	*Sprache*
字典	*Wörterbuch*
汉语词典	*Chinesisches Wörterbuch*
英汉词典	*英语汉语词典*
典礼	*Zeremonie*
躺着	*liegen*
椅子	*Stuhl*
桌子	*Tisch*
整个	*ganz, gesamt*
一齐	*gleichzeitig*
放心	*sich beruhigen*
胡同儿	*Gasse, Hutong*
胡子	*Bart*
全体	*alle*
全面	*allseitig*
全国	*ganzes Land*
百科全书	*Enzyklopädie*
集中	*konzentrieren*
集体	*Kollektiv*

◆ 你认识这个画家吗？

◇ 认识，他叫张大千，我还去过他的家呢。

◆ 他住在哪儿？

◇ 他住在钟楼南边的一条胡同儿里。

◆ 他对他的房子满意吗？

◇ 比较满意。他住的是老式的房子，房子有点儿旧，不过，房间比较大。他有一个大画室。

◆ 他的画室你进去过吗？

◇ 进去过。墙上挂着许多画儿，都是国画，有人物画，也有山水画。屋子中间有一个大桌子，桌子上放着很多毛笔。桌子前边有一把椅子。他有时候坐着画画儿，有时候站着画画儿。

◆ 他会几国语言？

◇ 据说，他在日本留过学。我看见他的书架上放着几本日文画报和一套英文的百科全书，还有日汉词典和英汉词典。看来，可能他会日语和英语。他特别喜欢旧东西，他有一本中国古代的名著，书皮黄黄的。这点，他跟法国人有点儿一样。法国人来北京总是喜欢去看老北京的胡同儿。有一天，他笑着跟我说："一般中国人都比较喜欢新的东西。我的这本古书差点儿就让我爱人给烧了。"

◆ 他在生活上还有什么特点？

◇ 他留胡子，他的胡子又长又白，很有风度。他喜欢喝着茶看报。他总是喝绿茶。

宿	舍	内	净	屋	墙	挂	满	著	油
画	桌	旧	言	典	把	躺	椅	摆	整
齐	架	窗	户	放	套	胡	适	全	集

语　法　GRAMMATIK

- 在存现句中，动词后带动态助词"着"，表示事物存在的方式。如：
  Ein Verb mit der Aspektpartikel 着 kann die Art und Weise der Existenz ausdrücken, z. B.:

S	V 着 O

前面　　　　站着一个人。
屋子墙上　　挂着许多画儿。
屋子墙上　没挂着许多画儿。
书架上　　　放着很多书。

- 动词"在"在动词后作结果补语。如：
  Das Verb 在 kann als Komplement des Resultats hinter einem Verb gebraucht werden, z. B.:

S	Vv	O

他　住在　　北京。
她　坐在　　椅子上。

- 意义上的被动句。如：
  Begriffliche Passiv-Sätze, z. B.:

O	V

两把躺椅　摆得很整齐。
东西　　　准备好了。
油画　　　挂在这儿。

- 一些动词后常用"去""来"作补语表示动作的趋向。如：
  去 oder 来 wird oft hinter einigen Verben als Komplemente der Richtung gebraucht, z. B.:

S	V 去 / 来

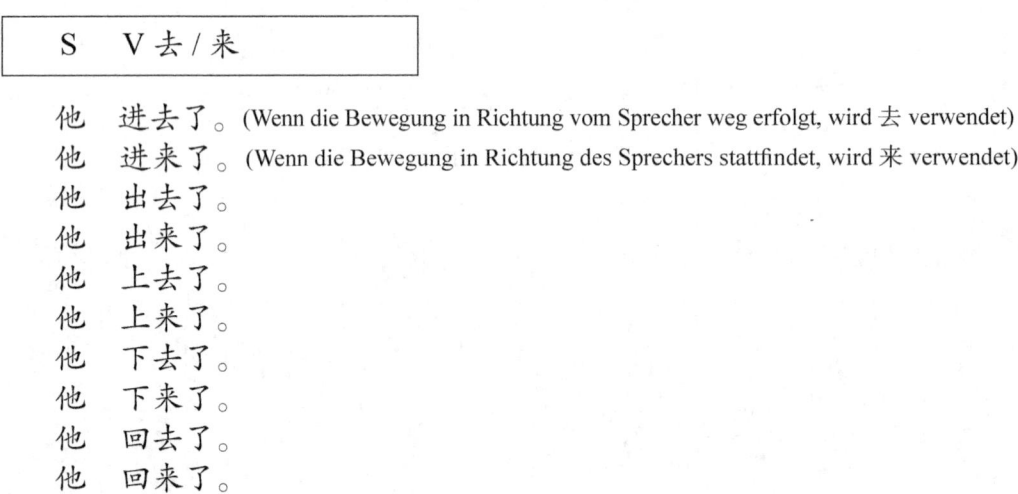

他　进去了。(Wenn die Bewegung in Richtung vom Sprecher weg erfolgt, wird 去 verwendet)
他　进来了。(Wenn die Bewegung in Richtung des Sprechers stattfindet, wird 来 verwendet)
他　出去了。
他　出来了。
他　上去了。
他　上来了。
他　下去了。
他　下来了。
他　回去了。
他　回来了。

● **选择正确的位置**　Eine richtige Stellung wählen:

1.桌子上 A 放 B 两本书和几本要 C 看 D 的杂志。

着（　　　　）

2.我到 A 家的时候，爸爸正 B 坐 C 看 D 报呢。

着（　　　　）

3.他 A 新 B 买的 C 桌子 D 非常满意。

对（　　　　）

4.他 A 每天 B 骑自行车 C 回家 D。

总是（　　　　）

● **选择正确的答案**　Eine richtige Antwort wählen:

1.昨天我买了一 _____ 椅子。

A. 个

B. 张

C. 把

D. 条

2.今天我们参观了一 _____ 胡同儿。

A. 套

B. 个

C. 条

D. 张

3.书架上放着一 _____ 英文的百科全书。

A. 个

B. 本

C. 套

D. 条

1	邮[郵]	yóu	Post			
2	局	jú	Amt, Situation, Teil	邮局	yóujú	Postamt, Post
3	营[營]	yíng	suchen, bewirtschaften; Lager, Profit	营业员	yíngyèyuán	kaufmännliche(r)
4	觉[覺]	jué	Gefühl; fühlen, empfinden	觉得	juéde	fühlen, empfinden
		jiào	schlafen			
5	航	háng	Boot, Schiff; schiffen, fliegen	航空	hángkōng	Luftfahrt
6	信	xìn	Brief, Signal, Vertrauen, Information; glauben, vertrauen			
7	封	fēng	Umschlag; verschließen; (Zählwort)	信封	xìnfēng	Briefumschlag
8	但	dàn	aber	不但	búdàn	nicht nur
9	奇	qí	außergewöhnlich, sonderbar, merkwürdig			
10	怪	guài	merkwürdig, seltsam	奇怪	qíguài	ungewöhnlich
11	而	ér	aber, und			
12	且	qiě	selbst, sogar	而且	érqiě	und, auch
13	使	shǐ	machen, verwenden, schicken, lassen	使人	shǐ rén	veranlassen, bewirken
14	清	qīng	klar			
15	楚	chǔ	klar	清楚	qīngchu	klar
16	告	gào	sagen, mitteilen, benachrichtigen, erklären			
17	诉[訴]	sù	sagen	告诉	gàosu	sagen
18	右	yòu	rechts			
19	角	jiǎo	Ecke, Winkel, (chinesische Währungseinheit: 0,1 Yuan)			
20	应[應]	yīng	Antwort; sollen			
		yìng	antworten, eingehen auf, annehmen			
21	该[該]	gāi	(hättest) sollen	应该	yīnggāi	sollen
22	只	zhǐ	nur			
23	寄	jì	senden, deponieren	寄信人	jìxìnrén	Absender(in)
24	址	zhǐ	Adresse	地址	dìzhǐ	Adresse, Anschrift
25	左	zuǒ	links	左边	zuǒbian	linke Seite
26	绝[絕]	jué	absolut			
27	乱[亂]	luàn	durcheinander; Chaos, Unordnung; chaotisch			
28	贴[貼]	tiē	kleben			
29	纪[紀]	jì	Disziplin, Epoche, Rekord	纪念	jìniàn	gedenken; Andenken
30	票	piào	Ticket, Zettel, Karte, Banknote	邮票	yóupiào	Briefmarke

短句 邮局营业员觉得他的航空信封写得不但奇怪，而且使人看不清楚，告诉他，右下角应该只写寄信人地址，左边绝不能乱贴纪念邮票。

Yóujú yíngyèyuán juéde tā de hángkōng xìnfēng xiě de búdàn qíguài, érqiě shǐ rén kàn bù qīngchu, gàosu tā, yòu xià jiǎo yīnggāi zhǐ xiě jìxìnrén dìzhǐ, zuǒbian jué bù néng luàn tiē jìniàn yóupiào.

繁體 郵局營業員覺得他的航空信封寫得不但奇怪，而且使人看不清楚，告訴他，右下角應該祇寫寄信人地址，左邊絕不能亂貼紀念郵票。

组 词	
教育局	Schulamt
工商局	Handelsbüro
经营	bewirtschaften
感觉	empfinden
视觉	Gesichtssinn
听觉	Gehör(sinn)
民航	Zivilluftfahrt
航班	Linienflug
挂号信	Einschreibebrief
相信	glauben an
信心	Zuversicht
但是	aber
新奇	neuartig, fremd
使用	anwenden
大使	Botschafter
大使馆	Botschaft
广告	Anzeige, Reklame
告别	sich verabschieden
报告	berichten
应当	sollen
应用	anwenden; angewandt
反应	Reaktion
右边	rechte Seite
右面	rechte Seite
左面	linke Seite
左右	mehr oder minder, rund
角度	Winkel, Gesichtspunkt
只有	nur, allein
绝对	absolut
火车票	Zugfahrkarte
电影票	Kinokarte
汽车票	(Bus)Fahrkarte

口 语

在 邮 局

◆ 老先生，这儿附近有邮局吗？

◇ 有，教育局左边的那个房子就是。

◆ 小姐，来套纪念邮票。我给在美国的中国大使馆寄封航空挂号信，应该贴多少钱的邮票？

★ 十五块左右。在这个单子上写上收信人的姓名和地址，在这儿写寄信人的姓名和地址。

◆ 小姐，在国内寄一封信，要贴多少钱的邮票？

★ 贴八毛的邮票。注意应当使用正式的信封。

在 电 影 院

◆ 小姐，是在这儿买电影票吗？

◇ 对，您要几张？要前排的还是后排的？

◆ 我眼睛不好，要两张前排的吧。电影几点开始？

◇ 八点半，现在就可以进场了。

◆ 广告上介绍，这是一部表现现代中国人日常生活的影片，影片的角度比较新奇，看过的人反应不错。我想你绝对会喜欢这个电影的。

★ 别老相信广告上说的。我觉得中国的电影有好的；但是，我的感觉是，大部分影片所反映的不像是目前中国人的想法。

◆ 这家电影院经营得不错。你看，来看电影的人真不少。

邮	局	营	觉	航	信	封	但	奇	怪
而	且	使	清	楚	告	诉	右	角	应
该	只	寄	址	左	绝	乱	贴	纪	票

● 结构助词"所"在动词前来修饰名词，此时动词后用"的"。如：
Die Partikel 所 wird vor Verben, gefolgt von 的, verwendet, um das Substantiv zu modifizieren, z. B.:

S 所　V　的　N

他 所 说 的 话　是真的。

我 所 买 的 东西　很好。

● 结构助词"所"在动词前，后边加"的"相当于一个名词。如：
Die Partikel 所 kann vor einem Verb, gefolgt von 的, als Substantiv verwendet werden, z. B.:

S　所　V　　的

你 所 看到 的 是一部分。

大部分影片 所 反映 的 不像是目前中国人的想法。

● 连词"不但……而且……"的用法举例：
Beispiele für den Gebrauch der Konjunktion 不但... 而且...:

他的信封不但写得奇怪，而且使人看不清楚。

他不但会说英语，而且会说汉语。

● 动词"使"常用于兼语句中的第一个动词。如：
Das Verb 使 wird oft als erstes Verb im Satz mit Doppelfunktionswort gebraucht. Der Satz mit Doppelfunktionswort hat die folgende grammatische Struktur:

S　V　O　V　　　O

他的信封 使 人 看不清楚。

他的话 使 我 明白了。

因为他的帮助 使 我 买到了　这本书。

● 动词"告诉"的用法举例：
Der Gebrauch des Verbs 告诉, z. B.:

S　V　　O　O

他 告诉　我　他的名字。

他 没告诉 我　他的地址。

S　V　　O　（Satz）

营业员 告诉 他，右下角应该只写寄信人地址。

他 告诉 我，明天他去医院。

● **选择正确的位置** Eine richtige Stellung wählen:

1. A 你 B 知道 C 的地方我 D 都去过。

所（   ）

2. A 这本书 B 我 C 明白了 D 很多问题。

使（   ）

3. A 那个营业员 B 会 C 说 D 汉语。

只（   ）

4. 星期天 A 他 B 去 C 看 D 电影。

老（   ）

● **选择正确的答案** Eine richtige Antwort wählen:

1. 那 _____ 纪念邮票有四张。

   A. 张

   B. 个

   C. 套

   D. 块

2. 我想买两 _____ 去上海的火车票。

   A. 套

   B. 个

   C. 条

   D. 张

3. 老师 _____ 我们明天不上课。

   A. 说

   B. 讲

   C. 告诉

   D. 通知

民进中央名誉主席、中国作协名誉主席

著名作家冰心在京逝世

新华社北京2月28日电

（记者曲志红、孙勇）备受人们尊敬和爱戴的文坛世纪老人冰心，今天晚上21时因病不治在京与世长辞，享年99岁。

冰心在五四时期投入新文化运动，是我国现代和当代文坛上具有重要影响的文学大师。她的创作充满对人民的同情，对封建社会的愤懑和对美好人生的追求。她的《寄小读者》、《小桔灯》、《樱花赞》、《再寄小读者》等脍炙人口的作品，影响了几代读者。她为中国儿童文学的发展做出了杰出的贡献。

与世纪同龄的冰心，在晚年创造了自己文学生涯的新高潮，尤其是在她85岁至93岁之间，她连续发表了《空巢》、《万般皆上品》、《关于男人》等大量作品，其水准之高、分量之重令人瞩目。

冰心的纯真、犀利、坚定、勇敢和正直，使她在国内外广大读者中享有崇高的威望，受到普遍的爱戴。她的创作正如她说的："我希望人民生活得更好。"

冰心逝世前担任民进中央名誉主席、中国作协名誉主席。

Writer treasured for love

By Hu Qihua

NINETY-NINE years ago, a beautiful triplet lotus flower on a stalk blossomed in the garden of a high ranking naval family in Fuzhou in East China's Fujian Province.

The grandfather said it was an auspicious sign.

In the same year, a girl was born into this family. Naturally, she became a cause of concern for every family member.

Likening herself to a delicate "lotus flower" under the protection of her mother — an extended "lotus leaf," as she wrote 19 years later in a preface to her prose collection, Xie Wanying, known to readers as Bing Xin, took up the pen as her career. She first sought to console and cheer up young readers, but, in her last 19 years, to fight as a brave soldier.

When she left the world for her long-cherished lotus land on Sunday at the age of 99, she was mourned as a beloved writer and prominent children's novelist. Her books have been widely used in primary schools for generations. They include "For Small Readers," "Little Tangerine Lamp" and "Ode to a Cherry Blossom."

"Walking on the long road of life, with love on the right and sympathy on the left, is just like blossoming and seeding. Travellers on such a scented journey will neither feel pain when stepping on brambles nor taste grief when shedding tears."

The previous words were written when Bing Xin was asked to write an inscription for an exhibition of her collection of paintings and calligraphy in 1994.

Love and sympathy

"It is her motto of literary creation and exemplifies her philosophy of life," said Zhuo Ru, the author of a biography of Bing Xin.

Readers of different ages are easily moved by the strong sense of tenderheartedness, love and sympathy in Bing Xin's novels, prose and poems.

No one can tell how many children, children's children or even children's children's children have read her "For Small Readers" or "For Small Readers Again" without being deeply touched by her earnest teachings and sincere consolation.

In her explanation, Bing Xin said the two works have different styles both in content and form.

She finished the first one, which is considered an introductory work of Chinese children's literature, at the time of parting from her home and motherland. The reportage describes her understanding of the early period in her life, her longing for exotic lands and her tenderness and sympathy for her family and nation.

The latter, which she finished 30 years later, reflects her deep love of family, nature and nation.

"During that period, in the 1950s and 60s, when exaggeration, political slogans and class struggle filled the literature, Bing Xin continued to write in her simple and truthful style, demonstrating to readers a most common, but treasured human sympathy. She brought to children the truth of nature," said Wang Binggen, secretary of the Bing Xin Research Institute.

Widely distributed in China and abroad, Bing Xin's works have drawn readers all over the world.

Today, the China Modern Literature Archives (CMLA) possesses thousands of letters from her readers, who, children and parents alike, talked about their goals, their studies and their educations while asking Bing Xin for advice.

"Her broad sense of love and sympathy for the family and nature, and love for the motherland has influenced generations of Chinese children," Zhou Ming, the vice-curator of CMLA, said in an article concerning the power of Bing Xin's two works.

Creative ideas

As an outstanding writer in the history of modern Chinese Literature, Bing Xin maintained her pure and simple style throughout her life.

Unlike other writers of the same generation, such as Lu Xun, Ba Jin, Shen Congwen, and Ding Ling, who all smashed the bonds of feudal families and devoted themselves to fighting with blood and tears, Bing Xin did not have too much hard-life experience.

Born into a wealthy family, Bing Xin received a traditional education and enjoyed a warm family life.

Bing Xin showed early promise as a writer when she was only a child, and her creative ideas first came from her family. Bing Xin

wrote in the preface to her "Ode to a Cherry Blossom."

"Mom is good at drawing materials from each detail in life," said Wu Qing, Bing Xin's daughter, an English professor at the Beijing Foreign Studies University. "It may be a gift she received or may be just a story she heard."

Although some critics attacked the limited themes and weak impulsive force of her works, more writers and researchers say Bing Xin captured those cruxes as well as the details.

Above all, she preserved her own individual expression and style.

From under her pen, a white cat ends up being "Appreciating Flowers versus Teasing Cat;" a hike develops into "The Cultivation of Children's Characters."

"Mom always paid close attention to the development of society," said Wu Qing, "but the form of expression she chose was always different from others. She preferred to choose themes which were familiar to ordinary people. That is absolutely not a narrow sense of a woman's feeling, but the most simple, unique and eternal theme in human life."

Life begins at 80

Bing Xin's first half of life, just like her works in that period, is like a delicate rose, fragrant and mild.

She was the first girl to attend school, middle school and a university in her family.

After graduating from Yanjing University in Beijing, she studied at Wellesley College in Massachusetts, United States, following in the steps of Madam Soong Ching-ling and her two sisters. She returned to China in 1926 after earning a master's degree in literature, but left again for Japan, where she lectured at Tokyo University from 1946-51.

She came back to settle in Beijing and continued her writing, mainly for children, but had to stop during the "cultural revolution (1966-76)," when almost everyone picked up a pen to write or criticize and condemn others or themselves.

She restarted her writing ca-

Portrait of Bing Xin in 1924.

reer formally in 1980 with the prose "My Hometown." Readers were surprised to find that Bing Xin's style had become more incisive. She was a new writer; no longer the old Bing Xin.

"That is just the qualifications a great writer should possess," said Shu Yi, a noted Chinese literary critic.

In her remaining years, Bing Xin wielded her pointed pen to expose or expound upon crucial social problems including reform in rural areas, the education of women and youth and the treatment given intellectuals.

Her language was no longer delicate; it was direct and straightforward.

Many incisive chapters are still vivid in the readers' memories. She pointed out in a 1987 essay that being a teacher is a job that contributes much, but gets little pay in today's society.

She sharply criticized those who ignore the education of farmers. "It is needless to discuss their future; they cannot even possess the present."

"Mom once joked that her life began at 80," said Wu Qing. "She was resolved to fight as a soldier."

Wu Qing also devotes herself to education in rural areas under her mother's influence.

Shu Yi said that is her lovely point, a stubborn old woman's loveliness.

"She is as hard as rock, and insists on the truth without any shaking," he said.

She was imbued with a sense of justice and a spirit of fearlessness; she dared to face reality.

The noted writer Ba Jin said: "She was like a lamp on my road. With her light, I feel powerful and not lonely."

Bing Xin's accomplishments and personality have set a role model for the young generation.

Wu Qing recalled: "I once asked mom why restart in her 80s. Her answer impressed me deeply: 'Forget whatever should be forgotten so that you can remember what should be remembered.'"

访 冰 心

冰心是中国现代著名女作家，全国人大代表。她姓谢，冰心是她的笔名，所以也有人叫她谢冰心。

冰心是南方人，1900 年出生，上小学时就已经读了不少中国古代的文学作品。1914 年她到北京一所教会女子中学读书。五四运动时她在北京上大学，参加了当时的学生运动。同时，她也开始写作小说和现代诗。1921 年她参加了当时有名的"文学研究会"。1923 年她到美国去留学。在美国，她一是研究文学，二是把在国外的见闻写出来，寄回国内发表，这就是后来的《寄小读者》一书。1926 年冰心回国。回国后她在北京大学工作，教中国文学。1929 年到 1933 年她写有小说《分》、《姑姑》等，同时还翻译了一些外国作家的作品。1945 年冰心去日本。1949 年到 1951 年她在东京大学教中国文学，1951 年秋回国。1958 年《人民日报》发表了她的《再寄小读者》。冰心不但是个文学家，而且还是个教育家。她非常爱孩子，爱祖国的后代，她用她的作品来教育孩子们。

在上中学三年级时我就读过她的早年诗作《春水》。她的诗写得很美，非常感人。后来，我一直喜欢看冰心的小说。我大学的毕业论文就是《论冰心小说的美学风格》。大学毕业后我到一家报社工作。今年夏天的一个上午，我有机会访问了这位还健在的老作家。那天是阴天，气温不高，下着小雨。早晨我起得特别早，穿了件浅蓝色的西服，坐公共汽车八点半就到了冰心家。

冰心家离市中心比较远，在新街口附近。她住的是北京一所老式的院子，院子里种了很多花儿。

冰心是在客厅里会见的我。客厅不大，很干净，墙上挂着一张山水画。客厅书架上放着许多书，有中文的，也有外文的。冰心一头白发，个子不高，瘦瘦的，看上去，不像是九十来岁的人。一见面，我先问候了一下她的身体。她说，她很少得病，有时候得了感冒，吃点儿中药就好了。我问她为什么还这么健康时，她说，就是经常锻炼身体。后来，她回答了我几个有关三十年代文学的问题。她一边喝茶，一边说。当她讲到当代文学时，我问她："现在还写东西吗？"她说："想写啊！就是眼睛不好了，写不动了。每天就是看看报和杂志什么的。"当我问她当年为什么去美国留学时，她问我："你出过国吗？"我说："没有。"她对我说："有机会要出去看看，在国外工作一两年。在国外生活过的人就知道什么是爱国了。"

那天回到家，我一直想着她说的那句话："在国外生活过的人就知道什么是爱国了。"

1	金	jīn	Metall, Gold, Geld; golden			
2	沙	shā	Sand			
3	江	jiāng	Fluss	金沙江	Jīnshājiāng	Jinsha-Fluss
4	飞[飛]	fēi	fliegen	飞机场	fēijīchǎng	Flughafen
5	托	tuō	auf der (flachen) Hand tragen, anvertrauen	托运	tuōyùn	aufgeben
6	完	wán	beenden, aus sein			
7	李	lǐ	(Familienname)	行李	xínli	Gepäck
8	继[繼]	jì	fortsetzen, weiterführen			
9	续[續]	xù	fortsetzen	继续	jìxù	fortsetzen
10	朝	cháo	nach, gegen, auf...zu; Dynastie			
11	走	zǒu	gehen, wandern			
12	忽	hū	plötzlich; vernachlässigen	忽然	hūrán	plötzlich
13	停	tíng	aufhören, stehen bleiben, stoppen	停住	tíngzhù	stoppen, stehen bleiben
14	脚	jiǎo	Fuß			
15	步	bù	Schritt	脚步	jiǎobù	Schritt
16	第	dì	(Präfix)			
17	次	cì	Reihenfolge; zweit, nächst; -mal	第一次	dì-yī cì	zum ersten Mal
18	握	wò	halten, greifen	握着	wòzhe	in der Hand halten
19	手	shǒu	Hand			
20	轻[輕]	qīng	leicht, sanft, jung			
21	声[聲]	shēng	Stimme, Ton	轻声	qīngshēng	Flüsterton; unbetont
22	希	xī	Hoffnung; hoffen			
23	望	wàng	Hoffnung; hoffen, in die Weite blicken	希望	xīwàng	hoffen
24	永	yǒng	für immer, ewig	永远	yǒngyuǎn	für immer, ewig
25	幸	xìng	Glück; glücklicherweise			
26	福	fú	Glück	幸福	xìngfú	Glück
27	祝	zhù	wünschen, gratulieren			
28	路	lù	Weg, Straße, Reise	一路	yílù	unterwegs
29	平	píng	eben, flach, friedlich			
30	安	ān	friedlich, sicher	平安	píng'ān	friedlich und sicher

短句 在金沙江飞机场托运完行李，继续朝前走，忽然她停住脚步，第一次握着我的手轻声说："希望你永远幸福！祝你一路平安！"

Zài Jīnshājiāng fēijīchǎng tuōyùn wán xíngli, jìxù cháo qián zǒu, hūrán tā tíngzhù jiǎobù, dì-yī cì wòzhe wǒ de shǒu qīngshēng shuō: "Xīwàng nǐ yǒngyuǎn xìngfú! Zhù nǐ yílù píng'ān!"

繁體 在金沙江飛機場托運完行李，繼續朝前走，忽然她停住腳步，第一次握着我的手輕聲說："希望你永遠幸福！祝你一路平安！"

94

组 词		口 语

组 词

美金	US-Dollar
金属	Metall
长江	der Jangtse, Changjiang
飞机	Flugzeug
飞机票	Flugticket
起飞	starten, abfliegen
写完	fertig schreiben
说完	fertig sprechen
看得完	fertig lesen können
朝代	Dynastie
走路	(zu Fuß) gehen
停车场	Parkplatz
进步	fortschrittlich
一次	einmal
手续	Formalitäten
手表	Armbanduhr
年轻	jung
声音	Stimme
不幸	unglücklich
福气	Glück(sfall)
路上	auf dem Weg
道路	Weg, Straße
公路	Fernstraße
迷路	sich verlaufen
水平	Niveau
平静	geruhsam
平常	üblich, gewöhnlich
平时	gewöhnlich, alltäglich
安全	Sicherheit
安静	ruhig
安排	arrangieren
西安市	Stadt Xi'an

口 语

在飞机场

◆ 小姐，托运行李。

◇ 给我你的飞机票。把行李放在这儿。你的行李超重了，多了两公斤。托运行李一个人最多可以托运二十公斤。下次注意啊！

◆ 好，谢谢啊！

◇ 托运完行李了吗？

◆ 托运完了。你把车停在哪儿了？

◇ 机场外边的停车场。到西安的飞机几点起飞？

◆ 九点十分，还有一个多小时呢。今天我们有福气，路上车不多，比平时早到了半个小时。去喝点儿什么吧。

◇ 我来杯热茶，你呢？

◆ 我来杯啤酒。

◇ 你去过几次西安了？

◆ 我去过三次了，这是第四次。我很喜欢西安，西安是中国古代几个朝代的首都，道路非常整齐，今天还看得出当年的风貌。这次我的朋友安排我去参观几个以前没去过的地方。

◇ 喝完没有？飞机快要起飞了！你该走了！下了飞机，你准备怎么去你朋友的家？

◆ 如果不远，我走着去或者坐四路公共汽车去。

◇ 路上要注意安全！回来以前给我打个电话。

金	沙	江	飞	托	完	李	继	续	朝
走	忽	停	脚	步	第	次	握	手	轻
声	希	望	永	幸	福	祝	路	平	安

● 动词"完""住"作结果补语。如：

Die Verben 完 und 住 können als Resultats-Komplement das Resultat einer Handlung angeben, z. B.:

S	V	V	O

我　　　托运　完　行李了。
他　　　吃　　完　饭了。
我还没　看　　完　这本书。
他　　　停　　住　脚步。

● 要强调说明动作对某事物如何处置以及处置的结果时常用"把"字句，在"把"字句里介词"把"和它的宾语必须放在主语之后、动词之前。如：

把-Sätze werden oft zur Betonung gebraucht, wie eine Person etwas behandelt. In einem 把-Satz werden die Präposition 把 und ihr Objekt immer hinter das Subjekt und vor das Verb gestellt, z. B.:

S	P	O	V	v	O

他　把　车　　停　在　哪儿了？
他　把　行李　放　在　这儿。
你　把　名字　写　在　这儿。

● 动量词"次"和数词结合，放在动词后说明动作发生的次数。动词的宾语是名词，"次"在宾语之前；宾语是代词，"次"在宾语之后。如：

Das verbale Zählwort 次 ist mit einem Zahlwort verbunden und wird hinter dem Verb verwendet, um die Häufigkeit einer Handlung anzugeben. Wenn das Objekt ein Substantiv ist, steht 次 vor dem Objekt; wenn das Objekt ein Pronomen ist, steht 次 hinter dem Objekt, z. B.:

S	V	O	次	O

我　去过　　　三次　西安。
我　参观过　　两次　这个大学。
我　见过　他　一次。

● "第"是词头，在数词前加"第"表示序数，序数与名词连用时要有量词。如：

第, ein Präfix, kann vor einer Kardinalzahl zur Bildung einer Ordinalzahl gebraucht werden. Ein Zählwort muss unbedingt zwischen die Ordinalzahl und das Substantiv gesetzt werden, z. B.:

第一次　第一天　第一年　第一个月　第一个星期　第一本书
我是第一次来北京。
第一天上课的时候，我们先学习发音。
这是我买的第一本书。

● **选择正确的位置**　Eine richtige Stellung wählen:

1. A 这本书 B 我们已经 C 学 D 了。

完（　　　）

2. 老师 A 告诉的 B 地方 C 我都没记 D。

住（　　　）

3. A 我 B 东西 C 放在 D 桌子上了。

把（　　　）

4. 我是 A 二 B 次来这 C 个商店买 D 东西。

第（　　　）

● **选择正确的答案**　Eine richtige Antwort wählen:

1. 这个问题我问过老师三 _____。

    A. 回

    B. 个

    C. 名

    D. 次

2. 下飞机以后他 _____ 东边走去。

    A. 对

    B. 朝

    C. 向

    D. 给

3. 你应该坐三 _____ 公共汽车回家。

    A. 次

    B. 号

    C. 路

    D. 个

1	何	hé	(Familienname); was			
2	傅	fù	Lehrer; lehren	师傅	shīfu	Meister
3	做	zuò	tun, machen	做法	zuòfǎ	Praktik, Handlungsweise
4	事	shì	Ding, Sache, Angelegenheit			
5	马[馬]	mǎ	Pferd			
6	虎	hǔ	Tiger	马虎	mǎhu	nachlässig
7	丢	diū	verlieren, wegwerfen			
8	忘	wàng	vergessen			
9	请[請]	qǐng	bitten, einladen, auffordern; bitte			
10	提	tí	mit der Hand tragen, heben			
11	包	bāo	Tasche, Beutel; einwickeln, einpacken	手提包	shǒutíbāo	Handtasche, Reisetasche
12	护[護]	hù	Schutz; schützen			
13	照	zhào	scheinen, leuchten	护照	hùzhào	(Reise)Pass
14	借	jiè	leihen, borgen			
15	证[證]	zhèng	beweisen, bestätigen; Ausweis	借书证	jièshūzhèng	Leihausweis
16	带[帶]	dài	bringen, mitnehmen			
17	结[結]	jié	Knoten; binden, knoten, schlingen	结果	jiéguǒ	Resultat; Frucht tragen
18	却	què	aber, jedoch, dennoch			
19	其	qí	sein (ihr, sein, ihr), er (sie, es, sie)			
20	它	tā	es	其它(他)	qítā	ander
21	拿	ná	halten, nehmen, holen			
22	啦	la	(Modalpartikel)			
23	等	děng	Klasse; gleich wie, identisch; warten			
24	于[於]	yú	in, aus, von	等于	děngyú	gleich
25	倒	dào	umkehren, gießen, einschenken, einkippen; rückwärts			
26	忙	máng	sehr beschäftigt	帮倒忙	bāng dàománg	einen Bärendienst machen
27	增	zēng	zunehmen, vermehren, steigern			
28	添	tiān	hinzufügen, ergänzen	增添	zēngtiān	hinzufügen, beifügen, vermehren
29	麻	má	Hanf, Flachs, Jute, Sesam, Leinen, Narkose; rau, lästig			
30	烦[煩]	fán	verdrossen, missmutig, verärgert	麻烦	máfan	lästig; Umstände, Schwierigkeiten

短
句　何师傅做事马虎，丢这忘那，请他把手提包里的护照和借书证带
来，结果，他却把其它（他）东西拿来啦，等于是帮倒忙，增添麻烦。

Hé shīfu zuò shì mǎhu, diū zhè wàng nà, qǐng tā bǎ shǒutíbāo li de hùzhào hé jièshūzhèng dàilái, jiéguǒ, tā què bǎ qítā dōngxi nálai la, děngyú shì bāng dàománg, zēngtiān máfan.

繁
體　何師傅做事馬虎，丢這忘那，請他把手提包裏的護照和借書證帶
來，結果，他却把其它（他）東西拿來啦，等於是幫倒忙，增添麻煩。

组 词	口 语
如何　　wie 事儿　　Ding, Angelegenheit 事业　　Sache 马上　　sofort 老虎　　Tiger 丢了　　verloren haben/sein 忘记　　vergessen 请问　　Entschuldigung! 请求　　bitten, fordern 提问　　Fragen stellen 提前　　vorverlegen 提高　　heben, erhöhen 书包　　Schultasche, Schulranzen 钱包　　Geldbeutel 面包　　Brot 包子　　中国的食品 照相　　fotografieren 照相机　Kamera 照片　　Foto 借东西　etwas leihen 学生证　Studentenausweis 身份证　Personalausweis 证明　　beweisen, bestätigen 证书　　Zertifikation, Urkunde 带东西　etwas mitbringen 结论　　Schlussfolgerung 其中　　darunter, davon 拿手　　bewandert/gut sein in ... 等人　　auf jemand warten 等等　　usw. 平等　　gleichberechtigt 增加　　vermehren, zunehmen	◆ 请问，是在这儿买飞机票吗？ ◇ 是的，你要去哪儿啊？ ◆ 明天有去上海的航班吗？ ◇ 请等一下，我看看。有，是明天下午四点的。 ◆ 我要一张。多少钱？ ◇ 一千三百六十五块。把你的护照给我看看。 ◆ 护照我忘带来了，学生证和身份证可以吗？ ◇ 学生证不行，身份证可以。 ◆ 我看看身份证是不是在书包里。好，我带来了，给您我的身份证。 ◇ 这不是身份证，是借书证。 ◆ 对不起，我拿错了，这是身份证。 ◇ 你这人太马虎了。你是干什么事儿的，这么忙。 ◆ 最近是有点儿忙。你看，吃饭的时间都没有，这不，中午就在外边买两个包子吃。 ◇ 怎么照片不像你啊？这不是你的身份证吧？是跟别人借的吧？ ◆ 真的是我的。这是我五年前照的照片。 ◇ 谁能证明？下次再用这个身份证可不行啦！ ◆ 知道了，买完机票，我马上去照相。 ◇ 给你机票，可别丢啦！ ◆ 放心吧！丢不了。这回，我把机票放在钱包里。 ◇ 别忘了，上飞机的时候带上身份证，要提前一个小时到机场。

何	傅	做	事	马	虎	丢	忘	请	提
包	护	照	借	证	带	结	却	其	它
拿	啦	等	于	倒	忙	增	添	麻	烦

语 法　GRAMMATIK

- "请"常用于兼语句的第一个动词。如:

  请 wird oft als erstes Verb des Satzes mit Doppelfunktionswort gebraucht, z. B.:

S	V	O		V	(O)
他	请	我		喝	茶。
	请	你		等	一下
我	请	他	把护照	带来。	

- "来"和"去"可以放在某些表示动作的动词的后边表示人或事物的趋向。如:

  来 und 去 können hinter Verben zur Angabe der Richtung einer Person oder eines Dings gebraucht werden, z. B.:

S	P	O		V	v	O
他	把	其它(他)东西	拿	来	啦。	
他			拿	去了	几本书。	
我	没把	护照	带	来。		
他	给	朋友	带	去了	很多东西。	
他			买	来了	三瓶啤酒。	

- 动词"忘"的用法举例:

  Der Gebrauch des Verbs 忘，z. B.:

  > 他的名字我忘了。
  > 他的名字我没忘。
  > 他的名字我忘不了。
  > 我忘带护照了。
  > 护照我忘带了。
  > 名字我忘写了。

- "却"是个副词，常用于动词前表示转折。如:

  Das Adverb 却 wird oft vor dem Verb zur Bezeichnung einer Wende gebraucht, z. B.:

  > 我请他把护照带来，他却把其它（他）东西拿来啦。
  > 学生们都知道了，可是老师却还不知道。

- 句尾语气词"啦"是语气助词"了"和"啊"的合音。如:

  Die Modalpartikel 啦 ist eine Fusion der Modalpartikeln 了 und 啊, z. B.:

  > 你怎么来啦?
  > 他回家啦!
  > 他昨天去上海啦!
  > 这个东西太贵啦!

● **选择正确的位置**　Eine richtige Stellung wählen:

1. 我 A 想 B 他 C 去饭馆 D 吃饭。

请（　　　）

2. 我朋友 A 从中国 B 给我 C 带 D 一本词典。

来（　　　）

3. 同学们 A 都知道，可是 B 老师 C 不 D 知道。

却（　　　）

4. 你 A 去 B 图书馆 C 的时候带 D 借书证。

上（　　　）

● **选择正确的答案**　Eine richtige Antwort wählen:

1. 这个礼物你怎么给他 ＿＿＿＿＿＿ ！

　　A. 吧

　　B. 呢

　　C. 吗

　　D. 啦

2. 下课以后我 ＿＿＿＿＿＿ 回家。

　　A. 快

　　B. 就

　　C. 马上

　　D. 立刻

3. 五加四等于 ＿＿＿＿＿＿ 。

　　A. 十

　　B. 九

　　C. 八

　　D. 七

1	连[連]	lián	verbinden, vereinigen; aufeinander folgend; einschließlich; mit; Kompanie			
2	县[縣]	xiàn	Kreis			
3	城	chéng	Stadt	县城	xiànchéng	Kreisstadt
4	厂[廠]	chǎng	Fabrik	工厂	gōngchǎng	Fabrik
5	龄[齡]	líng	Alter, Lebensjahr	大龄	dàlíng	über dem heiratsfähigen Alter
6	未	wèi	nicht			
7	婚	hūn	heiraten; Ehe, Heirat, Hochzeit			
8	青	qīng	jung, grün	青年	qīngnián	Jugend, Jugendliche(r)
9	慢	màn	langsam	慢慢	mànmān	langsam
10	解	jiě	trennen, lösen, losmachen, öffnen, erklären	了解	liǎojiě	verstehen
11	决	jué	entscheiden, bestimmen; Beschluss; bestimmt, durchaus			
12	定	dìng	festsetzen, festlegen entscheiden; bestimmt, sicher	决定	juédìng	Beschluss
13	找	zhǎo	suchen nach; Suche			
14	既	jì	schon; wenn..., dann..., sowohl...als auch....			
15	思	sī	denken; Idee	有意思	yǒuyìsi	interessant
16	累	lèi	müde, erschöpft; ermüden, belästigen			
17	职[職]	zhí	Beruf, Arbeit, Pflichten, Amt	职业	zhíyè	Beruf
18	并	bìng	und, (zur Betonung)			
19	容	róng	fassen, tolerieren, gestatten			
20	易	yì	leicht	容易	róngyì	leicht
21	嫁	jià	heiraten (für eine Frau)			
22	材	cái	Holz, Material, Stoff, Befähigung	身材	shēncái	Statur, Gestalt, Figur
23	矮	ǎi	niedrig, kleinwüchsig			
24	兴[興]	xìng	Lust, Interesse			
		xīng	gedeihen, beginnen, sich erheben; Prosperität			
25	趣	qù	Interesse	兴趣	xìngqù	Interesse
26	致	zhì	senden, übermitteln, verursachen	一致	yízhì	einstimmig, identisch
27	情	qíng	Gefühl, Sentiment, Liebe	有情人	yǒu qíng rén	Liebhaber(in)
28	更	gèng	mehr, noch mehr			
29	困	kùn	Notlage, Schwierigkeit; umzingeln; erschöpft, schläfrig			
30	难[難]	nán	schwierig; erschweren	困难	kùnnan	Schwierigkeit

短
句

连县城工厂的大龄未婚青年慢慢也了解了：决定找个既有意思又不累的职业并不容易，嫁个身材不矮、兴趣一致的有情人更困难。

Lián xiànchéng gōngchǎng de dàlíng wèihūn qīngnián mànmān yě liǎojiě le: Juédìng zhǎo gè jì yǒu yìsi yòu bú lèi de zhíyè bìng bù róngyì, jià gè shēncái bù ǎi, xìngqù yízhì de yǒu qíng rén gèng kùnnan.

繁
體

連縣城工廠的大齡未婚青年慢慢也了解了：決定找個既有意思又不累的職業並不容易，嫁個身材不矮、興趣一致的有情人更困難。

组 词	
城市	Stadt
长城	die Große Mauer
年龄	Alter
未来	Zukunft
结婚	Heirat; heiraten
离婚	(Ehe)Scheidung
婚礼	Hochzeit
青年人	Jugendliche(r)
青春	Jugend; jung
很慢	sehr langsam
解放	Befreiung
解决	lösen
一定	bestimmt, sicher
找到	finden
思想	Gedanken, Idee
思考	nachdenken
意思	Bedeutung, Meinung
职员	Angestellte(r)
职工	Belegschaft
并且	und
内容	Inhalt
矮小	kurz und klein
高兴	Freude, sich freuen
感兴趣	sich interessieren
事情	Ding, Angelegenheit
感情	Gefühl, Emotion
心情	Stimmung, Laune
难看	hässlich
难吃	schlecht schmecken
难听	unangenehm klingen
难喝	sich schlecht trinken
难学	schwer zu lernen
难说	schwer zu sagen

口 语

◆ 你老是不怎么高兴，好像心情不太好。你结婚了吗？

◇ 还没呢。找对象真是太难了。

◆ 结婚是人生最重要的事情之一，你的年龄不小了，也该解决了。

◇ 年轻人谁不想结婚，就是找不到理想的对象。

◆ 我觉得这种事情对我来说太容易了。昨天我参加了朋友的一个婚礼，认识了几个小姑娘，我倒可以给你们介绍介绍。你想找个什么样的？

◇ 我刚三十，女方年龄一定要在三十岁以下。

◆ 你对职业有什么要求？

◇ 教师、公司职员、公务员，什么职业都行。就是别找经商的，我不喜欢商人。

◆ 看来，你喜欢知识分子。爱好和兴趣呢？

◇ 如果这个女孩儿对文学感兴趣，会说外语更好。长得别太难看，个子别太矮，应该在一米七零以上。人要重感情，并且思想解放一点儿。

◆ 你知道你为什么到现在还找不到对象吗？

◇ 你这话是什么意思？

◆ 你的要求太高了，到哪儿找这么"十全十美"的？你慢慢地就明白了，找对象，条件不能定得过高，只要她真心爱你，其他条件差不多就行了。你知道城市女孩儿找男朋友的条件是什么吗？

◇ 我不知道，听你这么一说，我得好好地想想了。

连	县	城	厂	龄	未	婚	青	慢	解
决	定	找	既	思	累	职	并	容	易
嫁	材	矮	兴	趣	致	情	更	困	难

语 法　　GRAMMATIK

● "连……也（都）……"结构表示强调，含有"甚至"的意思。如：

Die Konjunktion 连 ... 也 (都)... bedeutet „sogar" und kann zur Betonung gebraucht werden, z. B.:

> 连县城工厂的大龄未婚青年慢慢也了解了。
>
> 他没上过学，连名字也不会写。
>
> 连孩子都知道这是什么东西。
>
> 我每天去教室上课，连商店都没去过。

● "既……又……"用来联系并列的动词、形容词，强调两种情况同时存在。如：

既 ... 又 ... wird zur Verbindung von zwei nebeneinander gestellten Verben oder Adjektiven verwendet und

drückt die gleichzeitige Existenz der beiden Umstände aus, z. B.:

> 她想找个既有意思又不累的职业。
>
> 他既会说英语，又会说汉语。

● "更"的用法举例：

Beispiele des Gebrauchs von 更:

> 找个身材不矮、兴趣一致的有情人更困难。
>
> 这本书不错，那本书比这本书更好。
>
> 通过他介绍以后，我更喜欢她了。

● "对……感兴趣"的用法举例：

Der Gebrauch von 对... 感兴趣, z. B.:

S P O	感兴趣

> 他　对　电影　　　感兴趣。
>
> 他　对　文学　非常感兴趣。
>
> 他　对　足球　　不感兴趣。

● 副词"刚"的用法举例：

Der Gebrauch von 刚, z. B.:

> 他刚三十岁。
>
> 他刚出去。
>
> 他刚到北京。
>
> 现在刚八点。

● "倒"的用法举例：

Der Gebrauch von 倒, z. B.:

> 我认识几个小姑娘，我倒可以给你介绍介绍。
>
> 他去了几次都没买到那本书，我今天去倒买到了。
>
> 大人都不知道，一个小孩儿倒知道，真是太奇怪了。

● **选择正确的位置**　Eine richtige Stellung wählen:

1. A̱ 小孩儿都知道 Ḇ 那个地方 C̱ 叫 Ḏ 什么名字。

连（　　）

2. 昨天天气 A̱ 很 Ḇ 冷，C̱ 今天 Ḏ 冷。

更（　　）

3. A̱ 他 Ḇ 今天早上 C̱ 八点 Ḏ 到这儿。

刚（　　）

4. 我先到的 A̱ 没买到那本书，Ḇ 他 C̱ 后到的 Ḏ 买到了。

倒（　　）

● **选择正确的答案**　Eine richtige Antwort wählen:

1. 大家都 ＿＿＿＿＿＿＿ 旅行感兴趣。

　　A. 给

　　B. 为

　　C. 对

　　D. 向

2. 他既喜欢吃中餐，＿＿＿＿＿＿ 喜欢吃西餐。

　　A. 还

　　B. 也

　　C. 又

　　D. 更

3. 我觉得学习汉语 ＿＿＿＿＿＿ 不难。

　　A. 很

　　B. 并

　　C. 太

　　D. 非常

1	假	jià	Ferien, Urlaub	假日	jiàrì	Feiertag
		jiǎ	falsch, künstlich	假的	jiǎ de	falsch
2	除	chú	entfernen, beseitigen; abgesehen von	除了	chúle	außer, ausgenommen
			abgesehen von			
3	睡	shuì	schlafen	睡觉	shuìjiào	schlafen
4	懒[懶]	lǎn	faul, träge	睡懒觉	shuì lǎnjiào	spät aufstehen
5	跑	pǎo	rennen, laufen	跑步	pǎobù	laufen
6	艺[藝]	yì	Kunst, Geschicklichkeit			
7	术[術]	shù	Können, Kunst, Technik, Taktik	艺术	yìshù	Kunst
8	操	cāo	sich befassen mit, halten, bedienen	体操	tǐcāo	Gymnastik, Turnen
9	演	yǎn	auf/vorführen, spielen			
10	唱	chàng	singen	演唱	yǎnchàng	singen, vorsingen
11	歌	gē	Lied			
12	曲	qǔ	Melodie, Lied, Musik	歌曲	gēqǔ	Lied
13	跳	tiào	springen			
14	交	jiāo	aushändigen, übergeben, sich kreuzen, verkehren			
15	际[際]	jì	Grenze, Rand; zwischen, unter, anlässlich			
16	舞	wǔ	Tanz	交际舞	jiāojìwǔ	Gesellschaftstanz
17	玩	wán	spielen, sich amüsieren, genießen			
18	扑[撲]	pū	sich stürzen/werfen auf, schlagen			
19	克	kè	Gramm; überwinden			
20	牌	pái	Karten, Platte	扑克牌	pūkèpái	Spielkarten, Poker
21	棋	qí	Schach	象棋	xiàngqí	chinesisches Schach
22	联[聯]	lián	Vereinigung, Verbindung			
23	合	hé	zumachen, schließen, vereinigen; Zusammenschluss	联合	liánhé	sich vereinigen
24	伙[夥]	huǒ	Partnerschaft			
25	伴	bàn	Gefährte, Begleitung	伙伴	huǒbàn	Partner(in), Kamerad(in)
26	举[舉]	jǔ	halten, heben; Akt; ganz			
27	办[辦]	bàn	machen, erledigen, behandeln	举办	jǔbàn	organisieren, veranstalten
28	末	mò	Ende	周末	zhōumò	Wochenende
29	庭	tíng	Hof, Gerichtshof	家庭	jiātíng	Familie
30	乐[樂]	yuè	Musik	音乐会	yīnyuèhuì	Konzert
		lè	Freude; sich freuen; fröhlich; gern	快乐	kuàilè	glücklich, fröhlich

短 假日他除了睡懒觉，还常去跑步，做艺术体操，演唱歌曲，跳交
句 际舞，玩儿扑克牌，下象棋，或者联合小伙伴举办周末家庭音乐会。

Jiàrì tā chúle shuì lǎnjiào, hái cháng qù pǎobù, zuò yìshù tǐcāo, yǎnchàng gēqǔ, tiào jiāojìwǔ, wánr pūkèpái, xià xiàngqí, huòzhě liánhé xiǎohuǒbàn jǔbàn zhōumò jiātíng yīnyuèhuì.

繁 假日他除了睡懶覺，還常去跑步，做藝術體操，演唱歌曲，跳交
體 際舞，玩兒撲克牌，下象棋，或者聯合小夥伴舉辦周末家庭音樂會。

组　词	
寒假	Winterferien
假期	Ferien
假的	falsch, unecht
长跑	Langstreckenlauf
文艺	Literatur und Kunst
美术	bildende Kunst, Kunst
操场	Sportplatz
表演	aufführen
演员	Schauspieler(in)
唱歌	(ein Lied) singen
一首歌	ein Lied
曲子	Lied, Melodie
跳舞	tanzen
交朋友	sich befreunden
交钱	zahlen
国际	international
玩儿	spielen
开玩笑	scherzen
克服	überwinden
牌子	Schild, Tafel, Platte
名牌儿	Markenartikel
围棋	Weiqi, Go
联系	Kontakt; sich verbinden
合作	Zusammenarbeit
合适	geeignet
四合院	Gehöft, Hofhaus
集合	sich versammeln
小伙子	junger Mann, junger Bursche
举行	abhalten
办公室	Büro
音乐	Musik
快乐	Freude
可乐	Coca Cola

口　语

◆ 下学期你还继续在这儿学习吗？

◇ 我还在这儿学习，我刚去办公室办完手续。

◆ 快放寒假了，假期你想去哪儿旅行？

◇ 这个假期我不想去外地旅行，我想好好儿地参观参观北京的胡同儿。北海公园附近有不少胡同儿，每个胡同口都有一个红色的牌子。胡同儿里有很多老式的四合院，里边的房子很漂亮。

◆ 什么叫四合院？

◇ 就是老北京人过去住的房子，它是一个四面都有墙的院子。有一次，我进了一个四合院。

◆ 怎么样？你看到了什么？

◇ 那天，天气热，许多人都从屋里出来，坐在院子里。小伙子们有的下棋，有的打扑克。老人和孩子们在一旁玩儿。一个小孩儿一边喝着可乐，一边跳舞，可爱极了。

◆ 小伙子们下什么棋？是国际象棋吗？

◇ 不是，是中国象棋，有的人下围棋。

◆ 围棋很难下，我看过日本人下围棋。听说日本人围棋下得比中国人好，是真的吗？

◇ 不知道，也许是假的。你假期打算做什么？

◆ 我准备去长城看看，还想参观北京美术馆。

◇ 除了参观美术馆以外，你还想去哪儿玩儿？

◆ 如果有合适的音乐会，我也想去听一次。说不定还能见到个名演员或者交上个女朋友呢！

◇ 你又开玩笑啦！

假	除	睡	懒	跑	艺	术	操	演	唱
歌	曲	跳	交	际	舞	玩	扑	克	牌
棋	联	合	伙	伴	举	办	末	庭	乐

语 法　GRAMMATIK

● "除了……以外"（"以外"可省略）可以表示在什么以外还有别的，后边常跟副词"还""也"等。如：

除了 ... 以外（以外 ist wegzulassen) bedeutet „außer" oder „abgesehen von". Hinter ihm wird oft das Adverb 还 oder 也 verwendet, z. B.:

> 除了参观美术馆以外，你还想去哪儿？
> 除了英语以外，他还会说法语和日语。
> 除了上课以外，我还去参观很多地方。
> 除了张老师以外，王老师也给我们上课。
> 除了书以外，我还想买几本词典。

● "一边……一边……"用在动词前，表示两个动作在同时发生。如：

一边 ... 一边 steht hinter Verben und bezeichnet, dass zwei Handlungen gleichzeitig stattfinden, z. B.:

> 我们一边喝茶，一边谈话。
> 他一边唱，一边跳。
> 因为他一边画图，一边讲，所以我们都听懂了。

● "或者"一般用在陈述句中。如：

或者 in der Bedeutung von oder wird zumeist in Aussagesätzen gebraucht, z. B.:

> 假期我去旅行，或者参加体育比赛。
> 明天我想去看个电影，或者去公园玩儿。
> 晚上她常常看电视，或者看报。

● 总结结构助词"的""得""地"的用法。"的"用在定语和中心语之间，中心语多为名词。如：

Zusammenfassung des Gebrauchs der Strukturpartikeln 的, 得 und 地. 的 wird zwischen einem Attribut und dem zentralen Wort (zumeist Substantiv) gebraucht, z. B.:

> 我的书
> 孩子的老师
> 买东西的人

| 的 ＋ N |

"得"用在动词和程度补语或可能补语之间。如：

得 wird zwischen dem Verb-Prädikat und Komplement des Resultats oder der Möglichkeit verwendet, z. B.:

> 他汉语说得很流利。
> 他唱得很好。
> 他听得懂他说的话。

| V ＋ 得 |

"地"一般在形容词后作动词的状语。如：

地 wird in der Regel hinter einem Adjektiv als Adverbialbestimmung des Verbs gebraucht, z. B.:

> 我想好好儿地参观参观北京的胡同儿。
> 他高兴地对我说："我考上大学啦！"
> 他奇怪地问我："你怎么认识她呢？"

| 地 ＋ V |

● **选择正确的位置**　Eine richtige Stellung wählen:

1. A 圆明园 B 以外，C 别的 D 公园他都去过了。

　　　　　　　除了（　　　）

2. 他 A 坐 B 在椅子上 C 喝茶，D 看电视。

　　　　　　　一边（　　　）

3. A 星期天他常常 B 去书店，C 去跟朋友 D 下象棋。

　　　　　　　或者（　　　）

4. 参观美术馆以后，A 你 B 想 C 去 D 什么地方？

　　　　　　　还（　　　）

● **选择正确的答案**　Eine richtige Antwort wählen:

1. 明年你继续学习，＿＿＿＿＿＿去找工作？

　　A. 或者

　　B. 还是

　　C. 还

　　D. 和

2. 他认真＿＿＿＿＿＿对我说："我不喜欢你。"

　　A. 的

　　B. 得

　　C. 地

　　D. 很

3. 在旅行中，＿＿＿＿＿＿我能遇到我中学时的同学。

　　A. 也许

　　B. 可能

　　C. 说不定

　　D. 或者

作者像
一九三九年于重庆

老舍文集
第十卷

老 舍 之 死

老舍是中国最著名的现代作家之一。老舍原名叫舒庆春，老舍是他用得最多的一个笔名。在中国，一提起老舍，可以说人人都知道，可是一说舒庆春，知道的就不多了。

老舍不是汉族人，是满族人。他1899年出生在北京的一个市民家庭，从小在北京长大，是个地地道道的北京人。加上他对北京人的生活和习俗十分了解，所以，他的文学作品"京味儿"十足。

老舍出生不久，他的父亲就去世了，是他母亲一个人把他养大的。当时他的母亲没有正式工作，只是给人家做点儿家务，收入很少。可以说，老舍小时侯，家里很穷，连吃饭、穿衣都常常成问题。

老舍七岁开始接受旧式的教育，后来入小学，1913年他进入北京师范学校学习。四年后，1917年他在该校毕业。毕业后，他先在北京第十七小学当校长，后到天津南开中学教语文。在"五四"新文学运动中，老舍开始用白话进行写作。1924年，经朋友介绍，老舍到英国工作，在伦敦大学教中文。当时他一边教书，一边在伦敦大学图书馆看了许多英文小说。在看这些英文小说时，他常常想起在北京的人和事儿，他就把这些人和事儿写在一个本子上。有一天，他的一位从中国来的朋友到老舍住处做客，老舍把他写的这些念给他听，这位朋友非常激动地说："好！写得真是太好了！"他的这位朋友就是当时中国"文学研究会"的发起人之一、著名作家许地山先生。后来许地山先生把老舍的这部作品寄给国内的《小说月报》，不久就发表了，这就是老舍的第一本小说《老张的哲学》。从这以后，老舍一发不可收，他在英国的六年中，先后在国内的《小说月报》上发表了三部小说。1930年老舍回国。回国后，他先后在山东济南大学和青岛山东大学教书。在这期间，老舍的主要作品有小说《离婚》《猫城记》等。1937年对老舍先生来说，是最重要的一年，在这一年他发表了他的代表作，著名小说《骆驼祥子》。这本小说写的是中国三十年代一位在北京的人力车夫的一生，表达了老舍先生对劳动人民的热爱。小说是使用北京话写的，使人，特别是北京人读起来十分亲切、感人。这本小说后来被翻译成十几种文字，在世界各国广为传播。《骆驼祥子》的问世使老舍先生成为了当时中国最有名的作家之一。

抗日战争时期，老舍到了重庆。在重庆老舍先生认识了中国共产党的领导人周恩来。这一时期，老舍写的主要是表现抗战题材的作品。

1946年老舍到了美国。在美国他一是讲学，二是继续进行文学创作。《四世同堂》就是老舍在美国时写的一部上百万字的小说。1949年新中国成立，老舍先生回到祖国。对新中国，新社会，老舍先生充满了无限的爱。他的这一感情表现在解放后他的大量作品中。老舍先生解放后主要是从事剧本的创作。从1949年到1966年他一共写了二十三个剧本，如《西望长安》《女店员》《全家福》《茶馆》等，其中《茶馆》影响最大，这个话剧在世界很多国家多次上演过。

《茶馆》写的是从1898年，也就是清朝末年到1949年新中国成立这五十年中，北京的一家茶馆所经历的风风雨雨。老舍先生说："一个大茶馆就是一个小社会。"可以说，老舍先生通过写一个茶馆，把旧中国五十年的历史以艺术形式生动地表现了出来。

从《骆驼祥子》到《茶馆》，老舍喜欢写社会上的小人物，写穷苦的劳动人民，他的作品贴近人民，贴近老百姓的生活，所以受到了人民的喜爱。人们把老舍先生称之为"人民艺术家"。可是就是这样一位"人民艺术家"在1966年以自杀的方式结束了自己宝贵的生命。

不久前，我在一本杂志上看到了这样一段文字：

"1966年夏天的一个上午，有十几个中学生来到了老舍先生家，他们一进门，就十分不礼貌地在老舍先生的书房里乱翻，并把老舍先生叫作'老反革命'，让他亲手把他写的书烧了，如果不烧就打死他。老舍先生流着泪水把自己心爱的作品投到了大火中。第二天，人们就再也见不到他了。一个星期后，人们在离他家不远的一个湖里，发现了一位死去的老人，此人正是老舍先生，死时67岁。"

读到这时，我哭了，心想：中国只有一个老舍呀！他这么好的人，怎么是这样的结局呢？我怎么也想不明白。一个星期天的上午我一个人来到了那个湖边，我看着湖水，真希望他老先生能从水中走来。这时候我问自己，当时老舍先生在自杀之前在想些什么呢？

一会儿，一位比我还大几岁的老人也来到湖边，他看了看我的表情说："是想念老舍先生了吧？"我奇怪地问："是呀！您怎么知道？"他说："如果老舍先生活着的话，明年该100岁啦！这几天来的人特别多。"说完这位老人在湖边的石头上写下了这样两句诗：

有的人活着，可是他已经死了！

有的人死了，可是他还活着！

老舍	Lǎo Shě	(Eigenname)	广为	guǎngwéi	weit und breit
原名	yuánmíng	ursprünglicher Name	传播	chuánbō	verbreiten
舒庆春	Shū Qìngchūn	(Eigenname)	问世	wènshì	erscheinen
提起	tíqǐ	erwähnen	抗日	kàng Rì	antijapanisch
族	zú	Nationalität	战争	zhànzhēng	Krieg
市民	shìmín	Stadtbewohner	重庆	Chóngqìng	(Stadtname)
地地道道	dìdìdàodào	typisch	共产党	gòngchǎndǎng	kommunistische Partei
习俗	xísú	Sitten und Gebräuche	领导	lǐngdǎo	Führung, Führer
味儿	wèir	Geschmack, Geruch	周恩来	Zhōu Ēnlái	(Eigenname)
十足	shízú	ganz, vollkommen	题材	tícái	Thema, Sujet
不久	bùjiǔ	bald	讲学	jiǎngxué	(Gast)Vorlesungen halten
养	yǎng	ernähren, großziehen	创作	chuàngzuò	schaffen, schreiben
收入	shōurù	Einkommen, Einnahme	百万	bǎiwàn	Million
穷	qióng	arm	充满	chōngmǎn	füllen
接受	jiēshòu	annehmen	无限	wúxiàn	grenzenlos, unbegrenzt
旧式	jiùshì	alter Typ	剧本	jùběn	Drama
入	rù	eintreten	话剧	huàjù	Sprechtheater
师范	shīfàn	Lehrerbildungsanstalt	影响	yǐngxiǎng	Einfluss
校长	xiàozhǎng	Schuldirektor	末年	mònián	letzte Jahre
天津	tiānjīn	(Stadtname)	成立	chénglì	Gründung
白话	báihuà	moderne Literatursprache	经历	jīnglì	erleben, durchmachen
写作	xiězuò	schreiben, verfassen	历史	lìshǐ	Geschichte
伦敦	Lúndūn	London	形式	xíngshì	Form
做客	zuòkè	zu Besuch (sein, gehen)	穷苦	qióngkǔ	arm, armselig
激动	jīdòng	erregt, aufgeregt	老百姓	lǎobǎixìng	gemeines Volk
发起人	fāqǐrén	Initiator	称	chēng	nennen, bezeichnen
发表	fābiǎo	veröffentlichen	自杀	zìshā	Freitod
哲学	zhéxué	Philosophie	结束	jiéshù	beenden
济南	Jǐnán	(Stadtname)	宝贵	bǎoguì	wertvoll
青岛	Qīngdǎo	(Stadtname)	生命	shēngmìng	Leben
猫	māo	Katze	段	duàn	Abschnitt
代表作	dàibiǎozuò	repräsentatives Werk	反革命	fǎngémìng	Konterrevolution
骆驼	luòtuo	Kamel	亲手	qīnshǒu	eigenhändig
祥子	Xiángzi	(Personenname)	泪	lèi	Träne
年代	niándài	Jahre, Zeit	投	tóu	werfen, sich werfen
人力	rénlì	Arbeitskraft	湖	hú	See, der
车夫	chēfū	Fuhrmann, Rikschafahrer	此	cǐ	dies
表达	biǎodá	ausdrücken	哭	kū	weinen
劳动	láodòng	arbeiten	结局	jiéjú	Ende, Schluss
亲切	qīnqiè	herzlich, warmherzig	表情	biǎoqíng	Gesichtsausdruck
感人	gǎnrén	bewegend, ergreifend	石头	shítou	Stein

识 字 二 十 五 句 译 文

Deutsche Übersetzung der 25 konstruierten Sätze

1 Meine Freundin wurde am 28. Mai 1967 geboren, in diesem Jahr ist sie 34 Jahre alt, dieser Sonntag ist ihr Geburtstag.

2 Herr Wang ist ein sehr erfahrener Lehrer, arbeitet in der Peking-Universität und spezialisiert sich darauf, ausländischen Studenten Unterricht in modernem Chinesisch und Kalligraphie zu geben.

3 Wenn du die Namen der Bediensteten in der Mensa und dem Speisesaal unserer Universität nicht kennst, kannst du sie fragen: „Fräulein, wie ist Ihr werter Name?"

4 Wenn ein Chinese einen Bekannten auf der Straße trifft, grüßt er nicht wie gewöhnlich mit „Hallo!", sondern würde am liebsten fragen: „Wohin gehst du?" oder „Hast du gegessen?"

5 Von morgen an werde ich jeden Morgen ein Viertel nach sieben mit dem Fahrrad zum Unterricht ins Klassenzimmer fahren, um mich in der Aussprache zu üben, den Text zu lesen, Vokabeln zu lernen, chinesische Schriftzeichen zu diktieren und Fragen zu beantworten.

6 Übermorgen Nachmittag, fünf vor vier, wollte sie auch zusammen mit einigen Studienfreunden mit dem Taxi und der U-Bahn zum Warenhaus „Neue Welt", um einige tägliche Gebrauchsartikel zu kaufen.

7 Ein halbes Kilogramm Obst, ein Paar Lederschuhe, zwei Füller, drei Zeitschriften, vier Paar Interlock-Baumwollhosen, fünf Sportanzüge und sechs Touristenkarten, das alles zusammen kostet 1300 Yuan Renminbi.

8 Gestern Abend waren wir beiden hungrig und durstig. Wir haben eine Schale fischriechend gewürzte Fleischstreifen, einen vegetarischen Teller leicht gebratener Wasserbatate, eine kalte Platte und zwei Schüsseln Reis bestellt, zwei Tassen warmen Tee und fünf Flaschen Bier getrunken und dafür viel Geld ausgegeben.

9 Onkel Lins Familie ist sehr groß. Sie umfasst den Vater, die Mutter, einen älteren Bruder und seine Frau, einen jüngeren Bruder und eine jüngere Schwester. Außerdem leben auch die Großeltern mit ihm, sie waren Kader der Armee und sind vor langem in den Ruhestand getreten.

10 Dieses Kind, im Jahr des Schafs geboren, ist sehr ambitioniert. Er hat die Universität noch nicht absolviert. In den Prüfungen in Mathematik, Physik und Chemie hat er alle gute Leistungen erzielt. Er wollte in Zukunft auf dem Gebiet der Naturwissenschaft arbeiten und ein Forscher werden.

11 Durch Vorstellung eines Journalisten habe ich jene hübsche und gesittete Mädchen aus Shandong kennen gelernt. Sie ist Dolmetscherin eines Reisebüros, kann klassische Gedichte lesen und verstehen und spricht sehr fließend Englisch.

12 Die Moderatorin der Shanghaier Fernsehstation ist von hoher schlanker Gestalt, hat lange Beine und ovales Gesicht mit schönen reizvollen Augen. Alle sagen, dass sie lieblich und attraktiv ist und durchaus wie ein Modell im Film aussieht.

13 Die auf dem Supermarkt verkauften Frauenbekleidungen sind rot, weiß, schwarz, grün, orange, dunkelblau und hellgrau, und was für eine Farbe und einen Stil man wählt, widerspiegelt seine

Personalität und seinen Anspruch.

14 Die Art und Weise, wie Chinesen Höflichkeit ausdrücken, unterscheidet sich wirklich sehr von der der Westler. Wenn zum Beispiel Familienmitglieder oder gute Freunde einander geholfen haben, brauchen sie nicht immer „Vielen Dank!" zu sagen.

15 Meiner Beobachtung zufolge haben Bauern, die auf dem Dorf leben, eine traditionelle Gewohnheit. Nachdem sie ein Geschenk vom Gast bekommen haben, pflegen sie das Geschenk in der Regel nicht zu öffnen, ansonst würden sie verlacht oder besprochen.

16 Ich war erkältet, hatte Fieber, Bauchschmerzen und ein furchtbares Kopfweh. Der Arzt des Provinz-Krankenhauses hat mich untersucht und sagte: „Sie sind erkältet. Keine Angst. Es ist nicht sehr schlimm. Ruhen Sie sich gut aus, nehmen Sie bitte etwas Medizin."

17 Da er sich aktiv sportlich abhärtet – er läuft im Winter Schlittschuh, schwimmt im Sommer im Fluss, spielt im Frühling und Herbst Fußball und Volleyball und nimmt an Wettkämpfen teil – , so wird er mehr und mehr gesund.

18 Eben berichtete die Wettervoraussage: Eine Kaltluftströmung kommt bald, morgen früh wird es regnen und schneien, der Wind bläst aus Süd, die niedrigste Temperatur liegt bei minus 5 Grad Celsius. In der Nacht wird es bedeckt bis heiter, bewölkt, und ein Nordwind weht, die Windstärke wird schwächer, etwa bei vier.

19 Eine gewisse Computerfirma liegt sehr weit von der Hauptstadt-Ausstellungshalle entfernt, in der Nähe des Yuanmingyuan-Parks. Die Firma hat in der Umgebung viele Bäume, ihr gegenüber steht ein Gebäude, daneben sind ein Bahnhof und ein Abstellplatz für Fahrräder.

20 Das Studentenheim ist innen sehr sauber. Ölgemälde hängen an den Wänden. Auf dem Tisch liegt ein altes linguistisches Wörterbuch, zwei Liegestühle sind ordentlich nebeneinander angebracht, und auf dem Bücherregal am Fenster steht eine Gesamtausgabe der Werke von Hu Shi.

21 Der Postbeamte fand, dass der Umschlag seines Luftpostbriefs nicht nur seltsam, sondern auch unleserlich geschrieben ist, und sagte ihm, dass man in der rechten Ecke unten nur die Anschrift des Absenders schreiben soll und an der linken Seite überhaupt keine Gedenkmarke nach Belieben aufkleben darf.

22 Nach der Gepäckabfertigung auf dem Flughafen Jinshajiang ging sie weiter voran und hörte plötzlich mit dem Schritt auf. Zum ersten Mal packte sie meine Hand und sagte sanft: „Ich hoffe, dass du immer glücklich bist, und wünsche dir eine gute Reise!"

23 Herr He macht alles nachlässig und hat ein Gedächtnis wie ein Sieb. Einmal bat ich ihn, meinen Pass und Leihausweis in meiner Handtasche zu nehmen, er brachte schließlich ein anderes Ding, das beutetet so viel, wie man einen Bärendienst erweist und mir viele Schwierigkeiten bereitet.

24 Sogar die jungen Frauen in der Fabrik des Kreises, die noch nicht verheiratet, aber schon über das normale Heiratsalter hinweg sind, beginnen auch allmählich zu verstehen, dass es nicht einfach ist, einen interessanten und nicht ermüdenden Beruf zu finden, und dass es noch schwieriger ist, einen Mann zu finden, der eine große Figur und gemeinsame Interessen mit ihr hat.

25 Abgesehen davon, dass er spät aufsteht, geht er in den Urlaubstagen noch laufen, übt Aerobics, singt Lieder, geht zum Ball, spielt Karten oder chinesisches Schach. Außerdem hält er am Wochenende noch zusammen mit seinen jungen Kollegen ein Konzert in der Familie ab.

字 词 总 表
Vokabular

A

啊	a	(Interjektion)
矮	ǎi	klein, niedrig
矮小	ǎixiǎo	klein, kleinwüchsig
爱	ài	lieben, gern haben
爱好	àihào	mögen; Hobby
爱人	àiren	Ehemann, Ehefrau
安	ān	ruhig, friedlich; Sicherheit
安静	ānjìng	still, ruhig
安排	ānpái	arrangieren
安全	ānquán	Sicherheit

B

八	bā	acht
八月	bā yuè	August
吧	ba	(Modalpartikel)
把	bǎ	(Zählwort; Präposition)
爸	bà	Papa, Vati
爸爸	bàba	Papa, Vati
白	bái	weiß
白酒	báijiǔ	Schnaps
白天	báitiān	am Tag, tagsüber
百	bǎi	hundert
百科全书	bǎikēquánshū	Enzyklopädie
摆	bǎi	stellen, legen, setzen
班	bān	Klasse, Gruppe, Schicht
班上	bān shang	in der Klasse
般	bān	wie; Art, Weise
办	bàn	erledigen
办公室	bàngōngshì	Büro, Arbeitszimmer
半	bàn	Hälfte
半年	bàn nián	halbes Jahr
半天	bàntiān	halber Tag, lange
伴	bàn	begleiten; Partner
帮	bāng	helfen
帮助	bāngzhù	helfen
包	bāo	Beutel, Tasche; einwickeln
包子	bāozi	gefülltes Dampfbrot
报	bào	Zeitung; berichten
报道	bàodào	berichten (Nachrichten)
报告	bàogào	Bericht
报名	bàomíng	sich anmelden

报社	bàoshè	Zeitungsverlag
抱	bào	im Arm halten, umarmen
杯	bēi	Tasse; (Zählwort)
杯子	bēizi	Tasse, Glas
北	běi	Norden
北边	běibian	Nordseite
北大	Běi-Dà	Peking-Universität
北京	Běijīng	Beijing (Peking)
北京话	Běijīnghuà	Beijing-Dialekt
北京市	Běijīng Shì	Stadt Beijing
北面	běimiàn	nördliche Seite
备	bèi	vorbereiten
备课	bèikè	den Unterricht vorbereiten
被	bèi	Bettdecke; werden (im Passiv)
被子	bèizi	Bettdecke
本	běn	(Zählwort); Buch
本科生	běnkēshēng	(Diplom)Student(in)
本子	běnzi	(Schreib)Heft, Notizbuch
比	bǐ	vergleichen
比较	bǐjiào	relativ; vergleichen
比如	bǐrú	zum Beispiel
比赛	bǐsài	Wettkampf, Wettbewerb
笔	bǐ	Schreibgerät
笔记本	bǐjìběn	Schreibheft, Notizbuch
笔名	bǐmíng	Pseudonym
笔试	bǐshì	schriftliche Prüfung
必	bì	ganz bestimmt; müssen
毕	bì	beenden
毕业	bìyè	absolvieren
边	biān	Seite, Rand, Grenze
变	biàn	sich (ver)ändern
变化	biànhuà	sich ändern
表	biǎo	zeigen; Außenseite, Tabelle, Uhr
表示	biǎoshì	zeigen, ausdrücken
表现	biǎoxiàn	verkörpern
表演	biǎoyǎn	vorführen
别	bié	Unterschied; andere(r); nicht tun
别的	biéde	andere(s,r)
冰	bīng	Eis
冰场	bīngchǎng	Eislaufbahn
冰鞋	bīngxié	Schlittschuhe
并	bìng	und, (zur Betonung)
并且	bìngqiě	und
病	bìng	Krankheit

病人	bìngrén	Kranke(r), Patient(in)
播 bō		ausstreuen, senden
不 bù		nicht, nein, kein
不错	búcuò	nicht schlecht, korrekt
不但	búdàn	nicht nur
不过	búguò	aber
不幸	búxìng	Unglück
不怎么	bù zěnme	nicht sehr
不怎么样	bù zěnmeyàng	nicht besonders
步 bù		Schritt
部 bù		Teil, Abteilung, Ministerium
部长	bùzhǎng	Minister
部分	bùfen	Teil
部门	bùmén	Abteilung

C

才 cái		Talent; eben, erst, erst jetzt
材 cái		Nutzholz, Material, Begabung
菜 cài		Gemüse, Speise, Gericht
菜单	càidān	Menü
菜店	càidiàn	Gemüseladen
参 cān		sich beteiligen
参观	cānguān	besichtigen
参加	cānjiā	teilnehmen an
餐 cān		Essen, Mahlzeit
餐厅	cāntīng	Speisesaal
操 cāo		greifen, halten; Gymnastik
操场	cāochǎng	Sportplatz
差 chā		Unterschied; etwas
差别	chābié	Differenz
查 chá		(über)prüfen, untersuchen
茶 chá		Tee
茶杯	chábēi	Teetasse
察 chá		nachprüfen, überprüfen
差 chà		weit entfernt von, falsch
差不多	chàbuduō	fast, nahezu
长 cháng		lang; lange
长城	Chángchéng	die Große Mauer
长江	Cháng Jiāng	der Jangtse
长跑	chángpǎo	Lang(strecken)lauf
常 cháng		oft; gewöhnlich
常常	chángcháng	oft
常年	chángnián	das ganze Jahr über
厂 chǎng		Fabrik
场 chǎng		Platz, Feld
唱 chàng		singen
唱歌	chànggē	(ein Lied) singen
超 chāo		übertreffen; Super-
超级	chāojí	Super-

超重	chāozhòng	Übergewicht
朝 cháo		Dynastie; nach, zu
朝代	cháodài	Dynastie
炒 chǎo		kurz anbraten
炒菜	chǎo cài	Bratgericht; anbraten
车 chē		Fahrzeug
晨 chén		Morgen
成 chéng		werden
成绩	chéngjì	Leistung, Errungenschaft
城 chéng		Stadt
城市	chéngshì	Stadt
吃 chī		essen
吃不起	chī bu qǐ	sich nicht leisten können zu essen
持 chí		halten, unterstützen
出 chū		aus, heraus
出国	chūguó	ins Ausland gehen
出生	chūshēng	geboren sein
出租	chūzū	vermieten
除 chú		beseitigen, teilen; ausgenommen
除了	chúle	ausgenommen, außer
楚 chǔ		klar, rein
处 chù		Stelle, Abteilung
穿 chuān		anziehen, durchqueren
传 chuán		weitergeben
传统	chuántǒng	Tradition
传真	chuánzhēn	Fax; faxen
窗 chuāng		Fenster
窗户	chuānghu	Fenster
春 chūn		Frühling
春季	chūnjì	Frühling
春天	chūntiān	Frühling
词 cí		Wort
词典	cídiǎn	Wörterbuch
次 cì		Reihenfolge, Nummer; -mal
从 cóng		von
从不	cóngbù	keinmal
从来	cónglái	seit jeher
村 cūn		Dorf
村子	cūnzi	Dorf
存 cún		speichern, aufbewahren
存车处	cúnchēchù	Abstellplatz
错 cuò		Fehler; falsch

D

答 dá		antworten
打 dǎ		schlagen
打开	dǎkāi	öffnen
打算	dǎsuàn	planen, beabsichtigen
打听	dǎtīng	sich erkundigen

	打招呼	dǎ zhāohu	grüßen
大		dà	groß; ältest
	大多数	dàduōshù	große Mehrheit
	大家	dàjiā	alle
	大姐	dàjiě	älteste Schwester
	大龄	dàlíng	über das Heiratsalter hinweg
	大米	dàmǐ	Reis
	大人	dàren	Erwachsene(r)
	大使	dàshǐ	Botschafter(in)
	大使馆	dàshǐguǎn	Botschaft
	大小	dàxiǎo	Größe
	大学	dàxué	Universität
	大学生	dàxuéshēng	Student(in)
	大衣	dàyī	Mantel
大		dài	
代	大夫	dàifu	Arzt, Ärztin
		dài	Generation, Epoche, Dynastie
	代表	dàibiǎo	Vertreter(in); vertreten
	代词	dàicí	Pronomen
带		dài	bringen
	带东西	dài dōngxi	etwas bringen
单		dān	einzeln
	单词	dāncí	Wort
	单位	dānwèi	Einheit
	单子	dānzi	Formular, Betttuch
但		dàn	aber
	但是	dànshì	aber
当		dāng	sollen, müssen; arbeiten als
	当然	dāngrán	natürlich
导		dǎo	leiten, führen
	导游	dǎoyóu	Reiseführung
	导游图	dǎoyóutú	Touristenkarte
到		dào	erreichen, ankommen
	到处	dàochù	überall
倒		dào	umfallen
道		dào	sagen; Weg, Taoismus
	道教	dàojiào	Taoismus
	道理	dàolǐ	Wahrheit, Argument
	道路	dàolù	Straße, Weg
的		de	(Strukturpartikel)
	的话	dehuà	wenn
得		de	(Strukturpartikel)
地		de	(Strukturpartikel)
得		dé	bekommen
	得病	débìng	krank werden
	得到	dédào	bekommen
得		děi	brauchen, müssen
等		děng	Klasse; gleich; warten
	等等	děngděng	usw.

	等人	děngrén	warten auf jemanden
	等于	děngyú	gleichbedeutend
低		dī	niedrig
地		dì	Erde, Boden
	地方	dìfang	Ort
	地铁	dìtiě	U-Bahn
	地铁站	dìtiězhàn	U-Bahn-Station
	地图	dìtú	Landkarte, Karte
	地址	dìzhǐ	Adresse
弟		dì	jüngerer Bruder
	弟弟	dìdi	jüngerer Bruder
第		dì	(Präfix)
	第一次	dì-yī cì	das erste Mal
典		diǎn	Kodex, Standardwerk
	典礼	diǎnlǐ	Zeremonie
点		diǎn	Punkt; um ... Uhr
	点菜	diǎn cài	(Essen) bestellen
	点钟	diǎnzhōng	um ... Uhr
电		diàn	Elektrizität
	电车	diànchē	Straßenbahn
	电话	diànhuà	Telefon
	电视	diànshì	Fernsehen
	电视台	diànshìtái	Fernsehstation
	电台	diàntái	Radiosender
	电影	diànyǐng	Film
	电影迷	diànyǐngmí	Filmfan
	电影票	diànyǐngpiào	Kinokarte
店		diàn	Laden
定		dìng	festlegen, bestimmen; ruhig
丢		diū	verlieren, wegwerfen
	丢了	diūle	verloren haben
东		dōng	Osten
	东边	dōngbian	Osten
	东西	dōngxi	Ding, Sache
冬		dōng	Winter
	冬季	dōngjì	Winter
	冬天	dōngtiān	Winter
懂		dǒng	verstehen, kennen
动		dòng	bewegen
	动词	dòngcí	Verb
	动物	dòngwù	Tier
都		dōu	alle
读		dú	lesen
	读者	dúzhě	Leser
肚		dù	Bauch
	肚子	dùzi	Bauch
度		dù	Grad
锻		duàn	schmieden
	锻炼	duànliàn	sich abhärten
队		duì	Team, Truppe

118

对	duì	richtig; gegenüber
对面	duìmiàn	Gegenseite; gegenüber
对象	duìxiàng	(feste/r) Freund(in)
多	duō	viel
多长时间	duōcháng shíjiān	wie lange
多么	duōme	wie, was für ein...
多少	duōshao	wie viel

E

饿	è	Hunger
儿	ér	Kind, Sohn; (Suffix)
儿子	érzi	Sohn
而	ér	aber, und
而且	érqiě	und, auch
二	èr	zwei
二月	èr yuè	Februar
二十八	èrshíbā	achtundzwanzig

F

发	fā	(ab-, aus)geben
发表	fābiǎo	veröffentlichen
发烧	fāshāo	Fieber haben
发现	fāxiàn	entdecken
发音	fāyīn	Aussprache
发展	fāzhǎn	Entwicklung
法	fǎ	Methode, Gesetz
法国	Fǎguó	Frankreich
法国菜	fǎguócài	französische Küche
法文	Fǎwén	Französisch
法语	Fǎyǔ	Französisch
发	fà	Haar
翻	fān	übersetzen, umdrehen
翻译	fānyì	Übersetzer; übersetzen
烦	fán	verärgert
反	fǎn	umgekehrt; gegen
反面	fǎnmiàn	Rückseite
反应	fǎnyìng	Reaktion
反映	fǎnyìng	widerspiegeln
饭	fàn	Mahlzeit, Essen
饭店	fàndiàn	Hotel
饭馆	fànguǎn	Restaurant
饭碗	fànwǎn	Reisschale
方	fāng	viereckig
方法	fāngfǎ	Methode
方面	fāngmiàn	Aspekt
方式	fāngshì	Art und Weise
方向	fāngxiàng	Richtung
房	fáng	Haus, Zimmer

房间	fángjiān	Zimmer
房子	fángzi	Haus
访	fǎng	besuchen
访问	fǎngwèn	besuchen
放	fàng	freilassen
放心	fàngxīn	sich beruhigen
飞	fēi	fliegen
飞机	fēijǐ	Flugzeug
飞机场	fēijǐchǎng	Flughafen
飞机票	fēijǐpiào	Flugticket
非	fēi	un-; nicht; Afrika
非常	fēicháng	sehr
分	fēn	Minute; teilen; (Zählwort)
分钟	fēnzhōng	Minute
份	fèn	(Zählwort)
风	fēng	Wind
风度	fēngdù	(gutes) Benehmen
风格	fēnggé	Stil
风力	fēnglì	Windkraft
风貌	fēngmào	Aussehen
封	fēng	versiegeln; Umschlag; (Zählwort)
否	fǒu	verneinen; negativ
否则	fǒuzé	sonst
夫	fū	Ehemann, Mann
夫妇	fūfù	Ehepaar
夫人	fūrén	Frau
服	fú	Kleidung; dienen
服务	fúwù	dienen
服务员	fúwùyuán	Dienstpersonal
服装	fúzhuāng	Bekleidung
福	fú	Glück
福气	fúqi	Glück(sfall)
父	fù	Vater
父亲	fùqīn	Vater
妇	fù	Frau
妇科	fùkē	Gynäkologie
妇女	fùnǚ	Frau
负	fù	schultern
附	fù	beilegen
附近	fùjìn	in der Nähe
傅	fù	Lehrer, Meister

G

该	gāi	sollen
干	gān	trocken
干杯	gānbēi	Zum Wohl!
干净	gānjìng	sauber

感	gǎn	*fühlen, rühren*
感到	gǎndào	*fühlen*
感觉	gǎnjué	*Gefühl; spüren*
感冒	gǎnmào	*Erkältung*
感情	gǎnqíng	*Gefühle*
感想	gǎnxiǎng	*Eindrücke*
感谢	gǎnxiè	*Dank*
感兴趣	gǎn xìngqù	*sich interessieren*
干	gàn	*tun*
干部	gànbù	*Kader*
刚	gāng	*gerade*
刚才	gāngcái	*gerade*
钢	gāng	*Stahl*
钢笔	gāngbǐ	*Füller*
高	gāo	*hoch*
高大	gāodà	*hoch und groß*
高度	gāodù	*Höhe*
高个儿	gāogèr	*Schlaks*
高兴	gāoxìng	*Freude, Glück*
高中	gāozhōng	*Oberstufe (der Oberschule)*
搞	gǎo	*machen, sich befassen*
告	gào	*sagen, mitteilen*
告别	gàobié	*Abschied*
告诉	gàosu	*sagen*
哥	gē	*älterer Bruder*
哥哥	gēge	*älterer Bruder*
歌	gē	*Lied*
歌曲	gēqǔ	*Lied*
格	gé	*gitterförmig; Stil*
个	gè	*(Zählwort)*
个子	gèzi	*Statur*
各	gè	*jede(r,s)*
给	gěi	*geben; für*
根	gēn	*Wurzel*
根本	gēnběn	*grundlegend*
根据	gēnjù	*anhand, aufgrund*
跟	gēn	*mit; folgen*
更	gèng	*noch mehr*
工	gōng	*Arbeit*
工厂	gōngchǎng	*Fabrik*
工人	gōngrén	*Arbeiter(in)*
工商局	gōngshāng jú	*Handelsbüro*
工业	gōngyè	*Industrie*
工作	gōngzuò	*arbeiten*
公	gōng	*öffentlich, männlich*
公分	gōngfēn	*Zentimeter*
公共汽车	gōnggòng qìchē	*Omnibus, Bus*
公斤	gōngjīn	*Kilogramm*
公路	gōnglù	*Fernstraße*

公司	gōngsī	*Firma*
公务员	gōngwùyuán	*öffentlich Bedienstete(r)*
公园	gōngyuán	*Park*
功	gōng	*Verdienst, Beitrag*
功课	gōngkè	*Schulaufgaben*
共	gòng	*gemeinsam, zusammen*
共同	gòngtóng	*zusammen*
够	gòu	*genug*
姑	gū	*Tante, Vaters Schwester*
姑姑	gūgu	*Tante, Vaters Schwester*
姑娘	gūniang	*Mädchen*
古	gǔ	*alt, altertümlich*
古代	gǔdài	*Altertum*
古老	gǔlǎo	*(ur)alt*
古诗	gǔshī	*klassisches Gedicht*
瓜	guā	*Melone, Kürbis*
瓜子	guāzǐ	*Melonenkerne*
刮	guā	*schaben, wehen*
刮风	guāfēng	*Der Wind weht.*
挂	guà	*hängen*
挂号	guàhào	*sich anmelden*
挂号信	guàhàoxìn	*Einschreibebrief*
怪	guài	*komisch*
关	guān	*zumachen; Bergpass*
关系	guānxi	*Beziehung*
观	guān	*Anschauung; beobachten*
观察	guānchá	*Beobachtung*
观点	guāndiǎn	*Gesichtspunkt*
馆	guǎn	*Gebäude, Halle*
惯	guàn	*gewöhnt sein an*
广	guǎng	*weit, breit*
广播	guǎngbō	*senden, übertragen*
广播员	guǎngbōyuán	*Radiosprecher(in)*
广告	guǎnggào	*Werbung*
贵	guì	*teuer; Ihr*
国	guó	*Land, Staat*
国画	guóhuà	*chinesische Malerei*
国际	guójì	*international*
国家	guójiā	*Staat*
国内	guónèi	*inländisch*
国外	guówài	*ausländisch*
果	guǒ	*Frucht, Resultat*
过	guò	*passieren; Schuld*
过去	guòqù	*vergangen*

H

孩	hái	*Kind*
孩子	háizi	*Kind*

还	hái	immer noch
还可以	hái kěyǐ	nicht schlecht
还是	háishi	oder, noch
海	hǎi	Meer
海军	hǎijūn	Marine
害	hài	schädigen, umbringen
害怕	hàipà	Angst
寒	hán	kalt
寒假	hánjià	Winterferien
寒流	hánliú	Kaltluftströmung
汉	hàn	Han-Nationalität
汉代	Hàndài	Han-Dynastie
汉学	Hànxué	Sinologie
汉语	Hànyǔ	Chinesisch
汉语课	Hànyǔkè	Chinesisch-Unterricht
汉字	Hànzì	chinesisches Schriftzeichen
航	háng	Schiff, Schifffahrt, Luftfahrt
航班	hángbān	Linienflug
航空	hángkōng	Luftfahrt
好	hǎo	gut
好吃	hǎochī	lecker
好好儿地	hǎohāor de	umfassend, allseitig
好喝	hǎohē	sich gut trinken
好极了	hǎo jí le	Toll! Prima!
好人	hǎorén	anständiger Mensch
好听	hǎotīng	sich gut anhören
好学	hǎoxué	leicht sein, zu lernen
好像	hǎoxiàng	aussehen wie
好	hào	mögen
号	hào	Nummer, Datum
喝	hē	trinken
合	hé	zumachen
合适	héshì	passend
合作	hézuò	Zusammenarbeit
何	hé	(Familienname); was
和	hé	und
河	hé	Fluss
河北省	Héběi Shěng	Provinz Hebei
黑	hēi	schwarz
黑色	hēisè	schwarz
很	hěn	sehr
红	hóng	rot
红茶	hóngchá	schwarzer Tee
红色	hóngsè	rot
后	hòu	hinter, nach; später
后边	hòubian	hinten
后来	hòulái	später, nachher
后面	hòumiàn	Rückseite
后年	hòunián	übernächstes Jahr

后天	hòutiān	übermorgen
候	hòu	Zeit; warten
呼	hū	ausatmen, schreien
忽	hū	plötzlich; übersehen
忽然	hūrán	plötzlich
胡	hú	(Familienname); Bart
胡适	Hú Shì	(Eigenname)
胡同儿	hútòngr	Gasse
胡子	húzi	Bart
虎	hǔ	Tiger
互	hù	einander; gegenseitig
互相	hùxiāng	wechselseitig
户	hù	Tür, Haushalt
护	hù	Schutz
护照	hùzhào	Reise(Pass)
花	huā	Blume; ausgeben
花茶	huāchá	parfümierter Tee
花店	huādiàn	Blumenladen
花瓶	huāpíng	(Blumen)Vase
花钱	huā qián	Geld ausgeben
花儿	huār	Blume
花生油	huāshēngyóu	Erdnussöl
滑	huá	rutschen; rutschig
滑冰	huábīng	Schlittschuh laufen
滑雪	huáxuě	Ski laufen
化	huà	Chemie; sich verwandeln
化学	huàxué	Chemie
画	huà	Malerei; malen
画报	huàbào	Illustrierte
画儿	huàr	Bild, Gemälde
画家	huàjiā	(Kunst)Maler(in)
话	huà	Wort; reden
欢	huān	froh
欢送	huānsòng	verabschieden
还	huán	zurückgeben
黄	huáng	gelb
黄瓜	huángguā	Gurke
黄河	Huáng Hé	Gelber Fluss
黄色	huángsè	gelb
灰	huī	grau; Asche, Staub
回	huí	zurückgehen/kommen; Mal
回答	huídá	antworten
回国	huíguó	ins Vaterland zurückkehren
回去	huíqu	zurückgehen
会	huì	Sitzung, Verband; können
会场	huìchǎng	Versammlungsplatz
会话	huìhuà	Konversation
会见	huìjiàn	Zusammenkunft
婚	hūn	heiraten; Ehe, Hochzeit

婚礼	hūnlǐ	Hochzeit(sfeier)
活 huó		leben; lebend
活动	huódòng	Aktivität
火 huǒ		Feuer
火车	huǒchē	Zug, Eisenbahn
火车票	huǒchēpiào	Zugfahrkarte
火车站	huǒchēzhàn	Bahnhof
伙 huǒ		Partnerschaft
伙伴	huǒbàn	Partner
或 huò		oder
或者	huòzhě	oder

J

机 jī		Maschine, Gelegenheit
机会	jīhuì	Gelegenheit, Chance
积 jī		anhäufen; alteingebracht
积极	jījí	aktiv, positiv
级 jí		Stufe, Grad, Jahrgang
极 jí		Pol; extrem
集 jí		sammeln, versammeln
集合	jíhé	sich versammeln
集体	jítǐ	Kollektiv
集中	jízhōng	Konzentration
几 jǐ		wie viel(e); ein paar
几分钟	jǐ fēnzhōng	einige Minuten
计 jì		rechnen; Messgerät
计算机	jìsuànjī	Computer
记 jì		sich merken, notieren
记得	jìde	sich erinnern können an
记者	jìzhě	Journalist
纪 jì		Zeitalter, Disziplin, Rekord
纪念	jìniàn	Andenken
际 jì		anlässlich; Begrenzung
季 jì		Jahreszeit
季节	jìjié	Jahreszeit
既 jì		schon, und auch
继 jì		fortsetzen
继续	jìxù	fortsetzen
寄 jì		(ver)schicken
寄信人	jìxìnrén	Absender(in)
绩 jì		Leistung, Verdienst
加 jiā		addieren, vermehren
加上	jiāshàng	hinzufügen
家 jiā		Familie, Heim, Spezialist
家庭	jiātíng	Familie
家务	jiāwù	Haushalt, Hausarbeit
假 jiǎ		falsch, unecht
假的	jiǎ de	unecht
架 jià		Gestalt, Regal, Streit

假 jià		Ferien, Urlaub
假期	jiàqī	Ferien/Urlaubszeit
假日	jiàrì	Urlaubstag
嫁 jià		verheiraten (an einen Mann)
间 jiān		zwischen; (Zählwort)
检 jiǎn		(über)prüfen, kontrollieren
检查	jiǎnchá	(über)prüfen, kontrollieren
简 jiǎn		einfach
简单	jiǎndān	einfach
简化	jiǎnhuà	vereinfachen
简写	jiǎnxiě	vereinfachte Form
简直	jiǎnzhí	einfach, halt
见 jiàn		sehen
见面	jiànmiàn	treffen
见识	jiànshi	Erfahrung
见闻	jiànwén	selbst Erlebtes
件 jiàn		(Zählwort)
健 jiàn		gesund; stärken
健康	jiànkāng	Gesundheit
江 jiāng		Fluss
将 jiāng		werden (Futur)
将来	jiānglái	Zukunft
讲 jiǎng		sagen, erzählen
讲话	jiǎnghuà	sprechen, reden
讲课	jiǎngkè	unterrichten
交 jiāo		aushändigen, verkehren mit
交际舞	jiāojìwǔ	Gesellschaftstanz
交朋友	jiāo péngyou	sich an(be)freunden mit
交钱	jiāo qián	zahlen
教 jiāo		lehren
角 jiǎo		Ecke, Winkel; (chin. Währungseinheit: 0,1 Yuan)
角度	jiǎodù	Blickwinkel
脚 jiǎo		Fuß
脚步	jiǎobù	Schritt
叫 jiào		rufen, schreien
觉 jiào		Schlaf
较 jiào		relativ, ziemlich
教 jiào		beibringen; Religion
教师	jiàoshī	Lehrer(in)
教室	jiàoshì	Hörsaal, Klassenzimmer
教堂	jiàotáng	Kirche
教学	jiàoxué	Unterricht
教学法	jiàoxuéfǎ	Unterrichtsmethode
教育	jiàoyù	Erziehung
教育部	jiàoyùbù	Bildungsministerium
教育局	jiàoyùjú	Schulamt
教员	jiàoyuán	Lehrer
街 jiē		Straße
街道	jiēdào	Straße

	街上	jiēshang	*auf der Straße*
节		jié	*Knoten, Fest*
	节目	jiémù	*Programm*
	节日	jiérì	*Fest, Feiertag*
结		jié	*Knoten; künpfen, abschließen*
	结果	jiéguǒ	*Resultat*
	结婚	jiéhūn	*heiraten*
	结论	jiélùn	*Schlussfolgerung*
姐		jiě	*ältere Schwester*
	姐姐	jiějie	*ältere Schwester*
解		jiě	*zerlegen, trennen, lösen*
	解放	jiěfàng	*Befreiung*
	解决	jiějué	*lösen*
介		jiè	*zwischen*
	介绍	jièshào	*vorstellen*
界		jiè	*Grenze*
借		jiè	*(aus)leihen*
	借书证	jièshūzhèng	*Leihausweis*
今		jīn	*heute, nun*
	今后	jīnhòu	*von jetzt an*
	今年	jīnnián	*dieses Jahr*
	今天	jīntiān	*heute*
斤		jīn	*(chinesische Maßeinheit: 0,5 kg)*
金		jīn	*Metall, Gold, Geld*
	金沙江	Jīnshā Jiāng	*Jinshajiang-Fluss*
	金属	jīnshǔ	*Metall*
近		jìn	*nahe, kürzlich*
进		jìn	*eintreten; vorwärts*
	进步	jìnbù	*Fortschritt*
	进口	jìnkǒu	*Import*
	进来	jìnlái	*eintreten, hereinkommen*
	进去	jìnqù	*eintreten, hineinkommen*
	进行	jìnxíng	*durchführen*
京		jīng	*Hauptstadt*
经		jīng	*durchmachen*
	经常	jīngcháng	*oft*
	经过	jīngguò	*durch, durchmachen*
	经理	jīnglǐ	*Manager(in)*
	经商	jīngshāng	*Handel treiben*
	经验	jīngyàn	*Erfahrung*
	经营	jīngyíng	*bewirtschaften*
睛		jīng	*Augapfel*
精		jīng	*raffiniert, fein, präzis*
	精神	jīngshen	*Geist; seelisch*
净		jìng	*sauber*
静		jìng	*still, ruhig*
究		jiū	*erforschen*
九		jiǔ	*neun*
	九月	jiǔ yuè	*September*
酒		jiǔ	*Schnaps, Wein*

	酒杯	jiǔbēi	*Schnapsbecher, Weinglas*
	酒店	jiǔdiàn	*Hotel, Restaurant*
	酒瓶	jiǔpíng	*Schnaps/Weinflasche*
旧		jiù	*alt, gebraucht*
	旧东西	jiù dōngxi	*gebrauchte Sachen*
就		jiù	*dann, sogar, danach*
居		jū	*Wohnung; leben*
	居住	jūzhù	*leben, wohnen*
局		jú	*Amt, Teil, Situation*
橘		jú	*Orange*
	橘黄	júhuáng	*orange*
	橘子	júzi	*Orange*
举		jǔ	*halten, heben*
	举办	jǔbàn	*veranstalten*
	举行	jǔxíng	*stattfinden, abhalten*
句		jù	*Satz*
	句子	jùzi	*Satz*
据		jù	*zufolge, entsprechend*
	据说	jùshuō	*angeblich, wie es heißt*
决		jué	*Entscheidung; bestimmen*
	决定	juédìng	*Entscheidung, Beschluss*
绝		jué	*absolut*
	绝对	juéduì	*absolut*
觉		jué	*fühlen*
	觉得	juéde	*fühlen*
军		jūn	*Armee*
	军队	jūnduì	*Truppen, Armee*

K

开		kāi	*öffnen, starten*
	开车	kāi chē	*Auto fahren*
	开会	kāihuì	*eine Sitzung abhalten*
	开始	kāishǐ	*beginnen*
	开水	kāishuǐ	*abgekochtes Wasser*
	开玩笑	kāi wánxiào	*Spaß machen*
	开学	kāixué	*Schulbeginn*
看		kàn	*sehen, lesen*
	看报	kàn bào	*die Zeitung lesen*
	看病	kànbìng	*sich behandeln lassen*
康		kāng	*gesund*
考		kǎo	*prüfen*
	考试	kǎoshì	*Prüfung*
科		kē	*(Lehr)Fach, Abteilung*
	科学	kēxué	*Wissenschaft*
棵		kē	*(Zählwort)*
可		kě	*können, dürfen, aber*
	可爱	kě'ài	*lieb, nett*
	可贵	kěguì	*wertvoll*

可乐	Kělè	Coca Cola
可能	kěnéng	möglich, vielleicht
可是	kěshì	aber
可以	kěyǐ	können, dürfen
渴	kě	Durst
克	kè	Gramm; bezwingen
克服	kèfú	überwinden
刻	kè	Viertelstunde; schnitzen
客	kè	Gast
客人	kèrén	Gast
客厅	kètīng	Empfangshalle, Wohnzimmer
课	kè	Unterricht, Lektion
课文	kèwén	Text
空	kōng	leer, hohl
空中-	kōngzhōng-	
小姐	xiǎojiě	Stewardess
空心菜	kōngxīncài	Wasserbatate
空	kòng	Freizeit; freimachen
空儿	kòngr	Freizeit
口	kǒu	Mund
口红	kǒuhóng	Lippenstift
口试	kǒushì	mündliche Prüfung
口音	kǒuyīn	Akzent
口语	kǒuyǔ	Umgangssprache
裤	kù	Hose
裤子	kùzi	Hose
块	kuài	Stück; (chin. Geldeinheit: Yuan)
快	kuài	schnell; sich beeilen
快乐	kuàilè	lustig, froh
困	kùn	Schwierigkeit; erschöpft
困难	kùnnan	Schwierigkeit

L

啦	la	(Modalpartikel)
来	lái	kommen
蓝	lán	blau
蓝色	lánsè	blau
览	lǎn	anschauen, besichtigen
懒	lǎn	faul
老	lǎo	alt; immer
老虎	lǎohǔ	Tiger
老年	lǎonián	im hohen Alter
老人	lǎorén	ältere Leute
老师	lǎoshī	Lehrer(in)
老师们	lǎoshīmen	(die) Lehrer
了	le	(Modalpartikel, Aspektpartikel)

乐	lè	froh; gern tun
累	lèi	müde; ermüden
冷	lěng	kalt
冷盘儿	lěngpánr	kalte Platte
离	lí	weggehen, verlassen
离婚	líhūn	Ehescheidung
离开	líkāi	verlassen
礼	lǐ	Zeremonie
礼貌	lǐmào	Höflichkeit
礼品	lǐpǐn	Geschenk
礼物	lǐwù	Geschenk
李	lǐ	(Familienname)
里	lǐ	innen
里边	lǐbian	innen
里面	lǐmiàn	innen
理	lǐ	Vernunft, Physik
理发	lǐfà	frisieren
理科	lǐkē	Naturwissenschaften
理论	lǐlùn	Theorie
理想	lǐxiǎng	Ideal
力	lì	Kraft
力气	lìqi	Körperkraft
立	lì	stehen; sofort
立刻	lìkè	sofort
丽	lì	schön
利	lì	scharf; Vorteil, Interessen
利用	lìyòng	nutzen
例	lì	Beispiel
例如	lìrú	zum Beispiel
例子	lìzi	Beispiel
俩	liǎ	beide, zwei (Personen)
连	lián	sogar; verbinden
联	lián	vereinigen, zusammenschließen
联合	liánhé	sich vereinigen
联系	liánxì	Kontakt, Verbindung
脸	liǎn	Gesicht
练	liàn	Übung
练习	liànxí	üben
炼	liàn	schmelzen, raffinieren
凉	liáng	kühl, kalt
凉快	liángkuai	angenehm kühl
两	liǎng	zwei
亮	liàng	hell, licht
了	liǎo	beenden, begreifen, (hinter Verben gebraucht) schaffen
了解	liǎojiě	verstehen, kennen
林	lín	Wald, (Familienname)
林业	línyè	Forstwirtschaft
零	líng	null

零度	língdù	*Nullpunkt*
零上	língshàng	*über null*
零下	língxià	*unter null*
龄	líng	*(Lebens)Alter*
另	lìng	*andere(r), gesondert*
另外	lìngwài	*außerdem; andere(r)*
流	liú	*fließen*
流利	liúlì	*fließend*
留	liú	*bleiben, dabehalten*
留学	liúxué	*im Ausland studieren*
留学生	liúxuéshēng	*Auslandsstudent(in)*
六	liù	*sechs*
六月	liù yuè	*Juni*
楼	lóu	*Gebäude, Stock(werk)*
楼房	lóufáng	*Gebäude*
路	lù	*Weg, Straße*
路上	lùshang	*unterwegs, auf der Straße*
旅	lǚ	*Reise*
旅行	lǚxíng	*reisen*
旅行社	lǚxíngshè	*Reisebüro*
绿	lù	*grün*
绿茶	lùchá	*grüner Tee*
绿色	lùsè	*grün*
乱	luàn	*durcheinander*
论	lùn	*Theorie; diskutieren*
论文	lùnwén	*Abhandlung*

M

妈	mā	*Mama, Mutti*
妈妈	māma	*Mama, Mutti*
麻	má	*Hanf, Flachs, Jute, Sesam*
麻烦	máfan	*Scherereien; lästig*
马	mǎ	*Pferd*
马虎	mǎhu	*nachlässig*
马上	mǎshàng	*sofort, gleich*
吗	ma	*(Modalpartikel)*
买	mǎi	*kaufen*
买卖	mǎimai	*Handel*
卖	mài	*verkaufen*
满	mǎn	*voll, gefüllt*
满意	mǎnyì	*zufrieden*
慢	màn	*langsam*
慢慢	mànmān	*langsam*
忙	máng	*beschäftigt*
毛	máo	*Wolle, (chin. Währungseinheit: 0,1 Yuan)*
毛笔	máobǐ	*(Schreib)Pinsel*
毛裤	máokù	*gestrickte Unterhose*
毛衣	máoyī	*(Woll)Pullover*

冒	mào	*hervor/herausströmen*
貌	mào	*Aussehen*
么	me	*(Suffix)*
没	méi	*nicht, nicht haben*
每	měi	*jede(r,s)*
每个月	měi gè yuè	*jeden Monat*
每天	měi tiān	*täglich*
美	měi	*schön; Amerika*
美国	Měiguó	*USA*
美金	měijīn	*US-Dollar*
美丽	měilì	*schön*
美食家	měishíjiā	*Feinschmecker(in)*
美术	měishù	*(bildende) Kunst*
美学	měixué	*Ästhetik*
美学家	měixuéjiā	*Ästhetiker(in)*
妹	mèi	*jüngere Schwester*
妹妹	mèimei	*jüngere Schwester*
门	mén	*Tür; (Zählwort)*
门口	ménkǒu	*Eingang*
们	men	*(Suffix)*
迷	mí	*Fan; sich verirren*
迷路	mílù	*sich verlaufen*
迷人	mírén	*faszinierend*
米	mǐ	*Reis, Meter*
米饭	mǐfàn	*gekochter Reis*
密	mì	*dicht, eng, geheim*
密切	mìqiè	*intim, innig*
棉	mián	*Baumwolle*
棉毛裤	miánmáokù	*Baumwollhose (Interlockware)*
面	miàn	*Gesicht, Seite, Oberfläche*
面包	miànbāo	*Brot*
面积	miànjī	*Fläche*
面条	miàntiáo	*Nudel*
民	mín	*Volk*
民航	mínháng	*zivile Luftfahrt*
名	míng	*Name, Titel*
名词	míngcí	*Substantiv*
名牌儿	míngpáir	*Markenartikel*
名片	míngpiàn	*Visitenkarte*
名人	míngrén	*Prominente(r)*
名著	míngzhù	*Meisterwerk*
名字	míngzi	*Name*
明	míng	*hell, klar*
明白	míngbai	*verstehen*
明晨	míng chén	*morgen früh*
明年	míngnián	*nächstes Jahr*
明天	míngtiān	*morgen*
明显	míngxiǎn	*offenkundig*
明星	míngxīng	*Star*
模	mó	*Modell, Muster*

模特儿	mótèr	Modell
末	mò	Ende
某	mǒu	gewiss
母	mǔ	Mutter
母亲	mǔqīn	Mutter
目	mù	Auge, Verzeichnis
目前	mùqián	gegenwärtig

N

拿	ná	nehmen, halten
拿手	náshǒu	gut sein in...
哪	nǎ	welche(r)
哪儿	nǎr	wo
内	nèi	in, innerhalb
内部	nèibù	innen, intern
内容	nèiróng	Inhalt
那	nà	das (da)
那儿	nàr	dort
那么	nàme	so, solch
男	nán	Mann, männlich
男孩儿	nánháir	Junge, Knabe
男朋友	nánpéngyou	der Freund
男性	nánxìng	männlich(es Geschlecht)
男装	nánzhuāng	Herrenbekleidung
南	nán	Süden
南边	nánbian	südlich
南方	nánfāng	Süden, südlich
难	nán	schwierig
难吃	nánchī	schlechter Geschmack
难喝	nánhē	sich unangenehm trinken
难看	nánkàn	hässlich
难说	nánshuō	schwer zu sagen
难听	nántīng	unangenehm klingen
难学	nánxué	schwer zu lernen
呢	ne	(Modelpartikel)
能	néng	können; Energie, Fähigkeit
能够	nénggòu	können
能力	nénglì	Fähigkeit
你	nǐ	du
你们	nǐmen	ihr
年	nián	Jahr
年级	niánjí	Jahrgang
年龄	niánlíng	Alter
年年	niánnián	jährlich
年轻	niánqīng	jung
念	niàn	laut lesen
娘	niáng	Mutter, Mütterchen
您	nín	Sie
农	nóng	Bauer, Landwirtschaft, Dorf

农村	nóngcūn	Dorf; ländlich
农民	nóngmín	Bauer
农业	nóngyè	Landwirtschaft
女	nǚ	Frau, Tochter; weiblich
女朋友	nǚpéngyou	die Freundin
女性	nǚxìng	weiblich
女装	nǚzhuāng	Damenbekleidung

P

怕	pà	Angst haben
排	pái	Reihe, Zeile; ordnen
排球	páiqiú	Volleyball
牌	pái	Spielkarte, Schild
牌子	páizi	Schild, Platte
盘	pán	Platte, (Zählwort)
盘子	pánzi	Teller, Platte, Teblett
旁	páng	an der Seite
旁边	pángbiān	seitlich
跑	pǎo	rennen, laufen
跑步	pǎobù	laufen
朋	péng	Freund(in)
朋友	péngyou	Freund(in)
皮	pí	Haut, Leder
皮鞋	píxié	Lederschuh
啤	pí	
啤酒	píjiǔ	Bier
片	piān	
偏	piān	schräg, schief
偏南	piān nán	zu Süd
片	piàn	Scheibe, Stück
漂	piào	
漂亮	piàoliang	schön
票	piào	Ticket
品	pǐn	Artikel
品种	pǐnzhǒng	Art, Rasse
平	píng	eben, flach, friedlich
平安	píng'ān	wohlbehalten
平常	píngcháng	normal, gewöhnlich
平等	píngděng	Gleichberechtigung
平静	píngjìng	ruhig, geruhsam
平时	píngshí	gewöhnlich, sonst
瓶	píng	Flasche
瓶子	píngzi	Flasche
扑	pū	sich stürzen auf
扑克牌	pūkèpái	Kartenspiel, Poker

Q

| 七 | qī | sieben |
| 七月 | qī yuè | Juli |

期		qī	Zeitraum, Phase
	期间	qījiān	während
齐		qí	ordentlich, gemeinsam
其		qí	sein/ihr
		qí	er/sie/es
	其它(他)	qítā	anderer
	其中	qízhōng	darunter, davon
奇		qí	seltsam
	奇怪	qíguài	merkwürdig, seltsam
骑		qí	reiten, radeln
棋		qí	Schach, Brettspiel
起		qǐ	aufstehen, beginnen
	起飞	qǐfēi	abfliegen
	起名字	qǐ míngzi	einen Namen geben
气		qì	Gas, Luft
	气候	qìhòu	Klima
	气象	qìxiàng	Meteorologie
汽		qì	Dampf
	汽车	qìchē	Auto
	汽车票	qìchēpiào	(Bus)Fahrkarte
	汽车站	qìchēzhàn	(Bus)Haltestelle
	汽水	qìshuǐ	Limonade
	汽油	qìyóu	Benzin
千		qiān	tausend
前		qián	vorn; früher; vor
	前边	qiánbian	vorne
	前进	qiánjìn	Vormarsch, Fortschritt
	前年	qiánnián	vorletztes Jahr
	前天	qiántiān	vorgestern
钱		qián	Geld, Münze
	钱包	qiánbāo	Geldbeutel
浅		qiǎn	hell, seicht
	浅灰	qiǎnhuī	hellgrau
墙		qiáng	Wand, Mauer
	墙上	qiáng shang	an der Wand
且		qiě	sogar, außerdem
切		qiè	entsprechen; auf jeden Fall
亲		qīn	Eltern, Ehe; intim
	亲爱的	qīn'ài de	lieb
	亲近	qīnjìn	nahe stehen
	亲密	qīnmì	intim
青		qīng	jung, grün
	青春	qīngchūn	Jugend
	青年	qīngnián	Jugend, junge Leute
	青年人	qīngniánrén	Jugendliche(r)
轻		qīng	leicht
	轻声	qīngshēng	Flüsterton
清		qīng	klar, sauber
	清楚	qīngchu	klar, eindeutig
情		qíng	Gefühl

晴		qíng	klar, heiter
	晴天	qíngtiān	Sonnentag
请		qǐng	Bitte; bitten, einladen
	请求	qǐngqiú	bitten um
	请问	qǐngwèn	Entschuldigung!...
秋		qiū	Herbst
	秋季	qiūjì	Herbst
	秋天	qiūtiān	Herbst
求		qiú	bitten, betteln um
球		qiú	Ball, Kugel
	球迷	qiúmí	(Fußball)Fan
区		qū	Bezirk; unterscheiden
	区别	qūbié	unterscheiden
曲		qǔ	Melodie, Lied
	曲子	qǔzi	Melodie, Lied
去		qù	(weg)gehen
	去年	qùnián	letztes Jahr
	去世	qùshì	sterben, ableben
趣		qù	Interesse
全		quán	ganz
	全国	quánguó	ganzes Land
	全集	quánjí	Gesamtausgabe
	全面	quánmiàn	umfassend, allseitig
	全体	quántǐ	Gesamtheit; alle; ganz
却		què	aber, jedoch
确		què	tatsächlich, wirklich
	确实	quèshí	bestimmt, wirklich

R

然		rán	so, derart; richtig
	然后	ránhòu	hinterher, danach
让		ràng	lassen, zulassen; durch, von (Passivform)
热		rè	heiß, warm
人		rén	Mensch, Volk
	人大	Rén Dà	Volkskongress
	人口	rénkǒu	Bevölkerung
	人民	rénmín	Volk
	人生	rénshēng	Leben
	人物	rénwù	Persönlichkeit
	人性	rénxìng	Menschlichkeit
认		rèn	erkennen, anerkennen
	认识	rènshi	kennen
	认为	rènwéi	finden
	认真	rènzhēn	gewissenhaft
日		rì	Tag, Sonne
	日报	rìbào	Tageszeitung
	日本	Rìběn	Japan

日期	rìqī	Datum
日文	Rìwén	Japanisch
日用品	rìyòngpǐn	(täglicher) Gebrauchsartikel
日语	Rìyǔ	Japanisch
容	róng	enthalten, fassen, erlauben
容易	róngyì	leicht, einfach
肉	ròu	Fleisch
肉片	ròupiàn	Fleischschnitzel
肉丝	ròusī	Fleischstreifen
如	rú	wenn, wie
如果	rúguǒ	wenn
如何	rúhé	wie

S

赛	sài	Wettkampf, Spiel
三	sān	drei
三月	sān yuè	März
嫂	sǎo	Frau des älteren Bruders
嫂子	sǎozi	Frau des älteren Bruders
色	sè	Farbe
沙	shā	Sand
山	shān	Berg, Gebirge
山东	Shāngdōng	Provinz Shandong
山西省	Shāngxī Shěng	Provinz Shanxi
商	shāng	Handel, Diskussion
商场	shāngchǎng	Kaufhalle
商店	shāngdiàn	Laden, Geschäft
商品	shāngpǐn	Ware
商人	shāngrén	Geschäftsmann
商业	shāngyè	Handel
上	shàng	oben, über
上边	shàngbian	oben
上车	shàng chē	einsteigen
上海	Shànghǎi	Shanghai
上课	shàngkè	Unterricht haben
上来	shànglái	heraufkommen
上去	shàngqù	hinaufgehen
上午	shàngwǔ	Vormittag
上衣	shàngyī	Oberbekleidung
烧	shāo	verfeuern, niederbrennen
少	shǎo	wenig
绍	shào	weiterführen
舍	shè	Haus, Hütte
社	shè	Gesellschaft, Vereinigung
社会	shèhuì	Gesellschaft
谁	shéi	wer
身	shēn	Körper

身材	shēncái	Statur, Figur
身份证	shēnfènzhèng	Personalausweis
身体	shēntǐ	Körper
深	shēn	tief
深蓝	shēnlán	dunkelblau
神	shén	Geist; göttlich
什	shén	
什么	shénme	was
什么样	shénmeyàng	was für ein
生	shēng	gebären, wachsen, leben
生病	shēngbìng	krank werden
生词	shēngcí	neue Vokabel
生活	shēnghuó	Leben; leben
生气	shēngqì	böse sein
生日	shēngrì	Geburtstag
声	shēng	Ton, Schall, Stimme
声音	shēngyīn	Klang, Ton
省	shěng	Provinz; sparen
师	shī	Lehrer
师大	Shī Dà	pädagogische Hochschule
师傅	shīfu	Lehrmeister
师生	shīshēng	Lehrer und Studenten/Schüler
诗	shī	Gedicht
诗人	shīrén	Dichter(in)
十	shí	zehn
十二月	shí'èr yuè	Dezember
十一月	shíyī yuè	November
十月	shí yuè	Oktober
时	shí	Zeit
时代	shídài	Zeit(alter), Epche
时候	shíhou	Zeit(raum)
时间	shíjiān	Zeit(dauer)
时装	shízhuāng	Kleidermode
识	shí	Kenntnis; kennen
实	shí	solid, wirklich; Realität
实现	shíxiàn	realisieren
食	shí	Essen; essen
食堂	shítáng	Kantine
食物	shíwù	Essen, Nahrung
使	shǐ	schicken, bringen, lassen
使人	shǐ rén	veranlassen
使用	shǐyòng	benutzen
始	shǐ	beginnen
世	shì	Welt
世界	shìjiè	Welt
世界杯	Shìjièbēi	Weltcup
市	shì	Stadt, Markt
市场	shìchǎng	Markt, Marktplatz
示	shì	zeigen
式	shì	Stil, Modus, Form

式样	shìyàng	Stil, Typ, Modell
事	shì	Sache, Angelegenheit
事情	shìqíng	Sache, Angelegenheit
事儿	shìr	Sache, Angelegeheit
事业	shìyè	Sache, Unternehmung
视	shì	ansehen, betrachten als
视觉	shìjué	Gesichtssinn
试	shì	versuchen, probieren
室	shì	Zimmer, Raum
是	shì	sein
适	shì	passend
收	shōu	bekommen, aufnehmen
收到	shōudào	bekommen
手	shǒu	Hand
手表	shǒubiǎo	Armbanduhr
手提包	shǒutíbāo	Handtasche
手续	shǒuxù	Formalitäten
首	shǒu	Haupt
首都	shǒudū	Hauptstadt (eines Landes)
首先	shǒuxiān	zuallererst, erstens
瘦	shòu	dünn, mager, eng
瘦肉	shòuròu	mageres Fleisch
瘦小	shòuxiǎo	klein und schmächtig
书	shū	Buch; schreiben
书包	shūbāo	Schultasche
书店	shūdiàn	Buchhandlung
书法	shūfǎ	Kalligraphie
书架	shūjià	Bücherregal
书面语	shūmiànyǔ	Schriftsprache
书	shū	Onkel
叔叔	shūshu	Onkel
舒	shū	strecken; gemächlich
舒服	shūfu	wohlig, bequem
熟	shú	reif, gar, bekannt
熟人	shúrén	Bekannte(r)
熟悉	shúxi	vertraut sein , sich auskennen
属	shǔ	Gattung; zu... gehörig
术	shù	Technik, Kunst, Taktik
树	shù	Baum
数	shù	Mathematik, Zahl
数学	shùxué	Mathematik
双	shuāng	doppelt; (Zählwort)
水	shuǐ	Wasser
水果	shuǐguǒ	Obst
水平	shuǐpíng	Niveau
睡	shuì	schlafen
睡觉	shuìjiào	schlafen
睡懒觉	shuì lǎnjiào	sich ausschlafen

说	shuō	sagen, sprechen
说不上	shuōbushàng	schwer zu sagen
说话	shuōhuà	sagen
丝	sī	Seide, Draht, Faden
司	sī	leiten, verwalten
司机	sījī	Fahrer(in)
思	sī	denken
思考	sīkǎo	nachdenken
思想	sīxiǎng	Idee, Gedanken
死	sǐ	Tod; sterben
死了	sǐle	tot
四	sì	vier
四合院	sìhéyuàn	Gehöft
四世同堂	sìshìtóngtáng	vier Generationen unter einem Dach
送	sòng	schenken
送给	sòng gěi	schenken
送礼	sònglǐ	schenken
诉	sù	mitteilen, anklagen
素	sù	vegetarisch
素菜	sùcài	vegetarisches Gericht
宿	sù	übernachten
宿舍	sùshè	Wohnheim
算	suàn	zählen, rechnen
岁	suì	(Lebens)Alter, Jahr
岁数	suìshu	Alter
所	suǒ	Stelle
所以	suǒyǐ	so, daher
所有的	suǒyǒu de	eigen; all

T

他	tā	er
他的	tā de	sein
他们	tāmen	sie
她	tā	sie
她的	tā de	ihr
她们	tāmen	sie
它	tā	es
台	tái	Plattform, Station, Bürne
太	tài	zu
太太	tàitai	Frau
堂	táng	Saal, Halle
躺	tǎng	liegen
躺椅	tǎngyǐ	Liegestuhl

躺着	tǎngzhe	liegen	
套	tào	Hülle; (Zählwort)	
特	tè	besonders	
特别	tèbié	eigenartig; besonders	
特点	tèdiǎn	Besonderheit	
疼	téng	weh tun, schmerzen	
踢	tī	treten, kicken	
提	tí	(mit der Hand) tragen	
提高	tígāo	erhöhen	
提前	tíqián	vorverlegen	
提问	tíwèn	eine Frage stellen	
题	tí	Thema, Problem	
体	tǐ	Körper	
体操	tǐcāo	Gymnastik	
体温	tǐwēn	(Körper)Temperatur	
体育	tǐyù	Sport	
天	tiān	Tag, Himmel	
天气	tiānqì	Wetter	
天天	tiāntiān	tagtäglich	
添	tiān	zusächlich; hinzufügen	
条	tiáo	(Zählwort), Streifen	
条件	tiáojiàn	Bedingung	
跳	tiào	springen	
跳舞	tiàowǔ	tanzen	
贴	tiē	kleben	
铁	tiě	Eisen	
厅	tīng	Halle, Saal	
听	tīng	hören	
听不懂	tīngbudǒng	nicht verstehen	
听得懂	tīngdedǒng	verstehen können	
听得见	tīngdejiàn	hören können	
听见	tīngjiàn	hören	
听觉	tīngjué	Gehör(sinn)	
听说	tīngshuō	von... gehört haben	
听写	tīngxiě	diktieren	
庭	tíng	Halle, Hof, Gericht	
停	tíng	stoppen, aufhören	
停车场	tíngchēchǎng	Parkplatz	
停住	tíngzhù	abstoppen	
挺	tǐng	sehr; kerzengerade	
通	tōng	verbinden, informieren	
通过	tōngguò	durch; passieren	
通知	tōngzhī	Mitteilung; informieren	
同	tóng	(zusammen) mit; gleich	
同时	tóngshí	gleichzeitig	
同学	tóngxué	Klassenkamerad(in)	
同意	tóngyì	einverstanden sein	
同志	tóngzhì	Genosse	
统	tǒng	Einheit; all	
头	tóu	Kopf	

头发	tóufa	Haar	
图	tú	Bild, Zeichnung	
图片	túpiàn	Bild, Foto	
图书馆	túshūguǎn	Bibliothek	
腿	tuǐ	Bein	
退	tuì	zurückgeben	
退休	tuìxiū	Ruhestand; in Rente gehen	
托	tuō	auf der Handfläche tragen	
托运	tuōyùn	ausliefern, aufgeben	

W

外	wài	draußen	
外边	wàibian	draußen	
外国	wàiguó	Ausland	
外号	wàihào	Spitzname	
外科	wàikē	Chirurgie	
外面	wàimiàn	draußen	
外文	wàiwén	Fremdsprache	
外语	wàiyǔ	Fremdsprache	
完	wán	Ende; beendet; vollenden	
玩	wán	spielen	
玩儿	wánr	spielen	
晚	wǎn	Abend, Nacht; später	
晚报	wǎnbào	Abendblatt	
晚饭	wǎnfàn	Abendessen	
晚年	wǎnnián	Lebensabend	
晚上	wǎnshang	Abend	
碗	wǎn	Schale; (Zählwort)	
王	wáng	König, (Familienname)	
忘	wàng	vergessen	
忘记	wàngjì	vergessen	
望	wàng	schauen/blicken auf	
为	wéi	sein, entsprechen, dienen als	
围	wéi	um...herum	
围棋	wéiqí	Go	
为	wèi	für	
为了	wèile	für	
为什么	wèi shénme	warum	
未	wèi	noch nicht, un-	
未来	wèilái	Zukunft	
位	wèi	(Zählwort); Platz	
温	wēn	Temperatur; warm	
温度	wēndù	Temperatur	
文	wén	Kultur, Artikel	
文化	wénhuà	Kultur	
文静	wénjìng	gesittet	
文科	wénkē	Geisteswissenschaften	
文学	wénxué	(schöne) Literatur	

130

文学家	wénxuéjiā	Schriftsteller(in)	
文艺	wényì	Literatur und Kunst	
闻	wén	hören, riechen	
问	wèn	fragen	
问号	wènhào	Fragezeichen	
问题	wèntí	Frage, Problem	
我	wǒ	ich, mich, mir	
我的	wǒ de	mein	
我们	wǒmen	wir, uns	
握	wò	(mit der Hand) halten	
握着	wòzhe	(fest)halten	
屋	wū	Haus, Raum	
屋子	wūzi	Zimmer	
五	wǔ	fünf	
五十	wǔshí	fünfzig	
五颜六色	wǔyán-liùsè	(kunter)bunt	
五月	wǔ yuè	Mai	
午	wǔ	Mittag	
午饭	wǔfàn	Mittagessen	
舞	wǔ	Tanz	
务	wù	Angelegenheit; unbedingt	
物	wù	Ding, Sache, Gegenstand	
物理	wùlǐ	Physik	

X

西	xī	Westen	
西边	xībian	Westen	
西餐	xīcān	westliches Essen	
西方人	Xīfāngrén	Westler(in)	
西服	xīfú	Anzug	
西瓜	xīguā	Wassermelone	
西式	xīshì	westlicher Stil	
西药	xīyào	westliche Medizin	
西医	xīyī	westliche Medizin	
希	xī	hoffen	
希望	xīwàng	Hoffnung	
息	xī	Atem, Zins, Pause	
悉	xī	kennen	
习	xí	Gewohnheit, Praktikum	
习惯	xíguàn	Gewohnheit, Gepflogenheit	
喜	xǐ	Glück, Schwangerschaft	
喜欢	xǐhuan	mögen, gefallen	
系	xì	System, Abteilung, Beziehung	
细	xì	dünn, schmal, fein, sorgfältig	
细心	xìxīn	sorgfältig	
下	xià	unten; unter; nächst	
下边	xiàbian	unten	
下车	xià chē	aussteigen	

下酒菜	xià jiǔcài	Gericht zum Wein/Schaps	
下课	xiàkè	Unterrichtsschluss	
下去	xiàqù	hinuntergehen	
下午	xiàwǔ	Nachmittag	
下星期	xià xīngqī	nächste Woche	
下雪	xià xuě	Schneefall; schneien	
下雨	xià yǔ	Regen; regnen	
夏	xià	Sommer	
夏季	xiàjì	Sommer	
夏天	xiàtiān	Sommer	
先	xiān	(zu)erst, vorher; vor	
先生	xiānsheng	Herr	
显	xiǎn	sich zeigen, hervortreten	
县	xiàn	Kreis	
县城	xiànchéng	Kreisstadt	
现	xiàn	jetzt; erscheinen	
现代	xiàndài	Gegenwart	
现象	xiànxiàng	Erscheinung	
现在	xiànzài	jetzt	
相	xiāng	gegenseitig; einander	
相反	xiāngfǎn	im Gegenteil, umgekehrt	
相信	xiāngxìn	glauben, vertrauen	
香	xiāng	duften; Räucherwerk	
香水	xiāngshuǐ	Parfüm	
想	xiǎng	wollen, mögen, denken	
想念	xiǎngniàn	denken an, vermissen	
想法	xiǎngfǎ	Idee, Auffassung	
向	xiàng	Richtung; nach, zu	
相	xiàng	Aussehen, Foto	
相片	xiàngpiàn	Foto	
象	xiàng	Elefant, Aussehen, Erscheinung	
象棋	xiàngqí	chinesisches Schach	
像	xiàng	Porträt; ähnlich sein; wie	
小	xiǎo	klein, jung	
小孩儿	xiǎoháir	Kind, Kleinkind	
小伙子	xiǎohuǒzi	Junge, Kerl	
小姐	xiǎojiě	Fräulein	
小朋友	xiǎopéngyou	Kinder, Kind	
小时	xiǎoshí	Stunde	
小说	xiǎoshuō	Roman, Novelle, Erzählung	
小学	xiǎoxué	Grundschule	
小学生	xiǎoxuéshēng	Grundschüler(in)	
校	xiào	Schule	
笑	xiào	lachen, lächeln	
笑话	xiàohua	Witz; auslachen	
些	xiē	einige(s); etwas	
鞋	xié	Schuh	
鞋店	xiédiàn	Schuhladen	

写	xiě	schreiben
谢	xiè	Dank
谢谢	xièxie	sich bedanken
心	xīn	Herz, Zentrum
心情	xīnqíng	Stimmung, Laune
心中	xīn zhōng	im Herzen
新	xīn	neu
新年	xīnnián	Neujahr
新奇	xīnqí	neuartig, fremdartig
新闻	xīnwén	Neuigkeit, Nachricht
信	xìn	Brief, Information, Signal
信封	xìnfēng	Briefumschlag
信心	xìnxīn	Zuversicht
兴	xīng	Prosperität, Aufstieg; erheben
星	xīng	Stern, Star
星期	xīngqī	Woche
星期二	xīngqī èr	Dienstag
星期六	xīngqī liù	Samstag
星期日	xīngqī rì	Sonntag
星期三	xīngqī sān	Mittwoch
星期四	xīngqī sì	Donnerstag
星期天	xīngqītiān	Sonntag
星期五	xīngqī wǔ	Freitag
星期一	xīngqī yī	Montag
行	xíng	gehen, reisen; in Ordnung
行李	xíngli	Gepäck
兴	xìng	Interesse, Lust
兴趣	xìngqù	Interesse
姓	xìng	Familienname, Zuname
姓名	xìngmíng	voller Name
幸	xìng	Glück
幸福	xìngfú	Glück
性	xìng	Natur, Charakter, Geschlecht
性格	xìnggé	Charakter, Wesen
休	xiū	stoppen, (aus)ruhen
休息	xiūxi	Pause; sich ausruhen
需	xū	Bedarf; brauchen, müssen
需求	xūqiú	Bedarf, Nachfrage
需要	xūyào	müssen, brauchen
许	xǔ	vielleicht; erlauben
许多	xǔduō	viel
续	xù	fortsetzen
选	xuǎn	wählen, aussuchen
选用	xuǎnyòng	aussuchen
选择	xuǎnzé	sich entscheiden für, auswählen
学	xué	lernen, studieren
学年	xuénián	Schuljahr
学期	xuéqī	Semester
学生	xuésheng	Student(in), Schüler(in)
学生证	xuéshēngzhèng	Studentenausweis

学位	xuéwèi	akademischer Titel/Grad
学问	xuéwèn	(wissenschaftliche) Kenntnisse
学习	xuéxí	lernen, studieren
学校	xuéxiào	Schule
学院	xuéyuàn	Hochschule, Institut
学者	xuézhě	Gelehrte(r)
雪	xuě	Schnee

Y

严	yán	streng, strikt; äußerst, sehr
严格	yángé	strikt
严重	yánzhòng	ernst, schwerwiegend
言	yán	Wort; sprechen
研	yán	zerstoßen, studieren
研究	yánjiū	erforschen, untersuchen
研究会	yánjiūhuì	Forschungsgesellschaft
研究生	yánjiūshēng	Postgraduierte(r)
研究所	yánjiūsuǒ	Forschungsinstitut
研究员	yánjiūyuán	Forscher(in)
颜	yán	Farbe, Gesicht
颜色	yánsè	Farbe
眼	yǎn	Auge
眼界	yǎnjiè	Gesichtsfeld, Blickfeld
眼睛	yǎnjing	Auge
眼科	yǎnkē	Augenabteilung
眼前	yǎnqián	im Augenblick, gerade
演	yǎn	aufführen, spielen
演唱	yǎnchàng	(vor)singen; Gesangsvortrag
演员	yǎnyuán	Schauspieler(in)
验	yàn	kontrollieren, überprüfen
羊	yáng	Schaf, Ziege
样	yàng	Aussehen, Muster, Art
要	yāo	verlangen, fordern
要求	yāoqiú	fordern, verlangen; Anspruch
药	yào	Medizin, Medikament
药店	yàodiàn	Apotheke
药方	yàofāng	Rezept
要	yào	wollen, mögen, brauchen
要是	yàoshi	wenn, falls
也	yě	auch, ebenfalls
也许	yěxǔ	vielleicht, möglicherweise
业	yè	Branche, Beruf, Lehrgang
夜	yè	Nacht
夜间	yèjiān	nachts
夜里	yèli	in der Nacht
夜晚	yèwǎn	Nacht, Abend
一	yī	eins
一般	yìbān	gewöhnlich, allgemein

一点儿	yìdiǎnr	ein bisschen
一定	yídìng	bestimmt, unbedingt
一共	yígòng	insgesamt, total
一刻	yíkè	einen Moment
一刻钟	yíkèzhōng	eine Viertelstunde
一块儿	yíkuàir	zusammen
一路	yílù	unterwegs
一齐	yìqí	zusammen, gleichzeitig
一起	yìqǐ	zusammen, gemeinsam
一切	yíqiè	jede(s), alles
一下	yíxià	einmal
一些	yìxiē	ein paar, etwas
一样	yíyàng	ebenso, ganz egal; gleich
一月	yī yuè	Januar
一直	yìzhí	geradeaus, immer
一致	yízhì	einmütig, übereinstimmend
衣	yī	(Be)Kleidung
衣服	yīfu	Kleidungsstück
医	yī	Medizin
医生	yīshēng	Arzt, Ärztin
医学	yīxué	Medizinwissenschaft
医院	yīyuàn	Krankenhaus
已	yǐ	schon, bereits
已经	yǐjīng	schon
以	yǐ	mit, mittels, durch
以后	yǐhòu	nachher, hinterher, später
以前	yǐqián	vorher, früher
以上	yǐshàng	über, mehr als
以为	yǐwéi	glauben, meinen, denken
椅	yǐ	Stuhl
椅子	yǐzi	Stuhl
艺	yì	Kunst, Kunstfertigkeit
艺术	yìshù	Kunst
议	yì	diskutieren
议论	yìlùn	diskutieren, besprechen
译	yì	übersetzen
易	yì	leicht, einfach
意	yì	Idee, Meinung
意见	yìjiàn	Ansicht, Meinung, Einwand
意思	yìsi	Bedeutung, Sinn, Meinung
因	yīn	Ursache; weil, denn; wegen
因为	yīnwèi	weil, da, infolge
阴	yīn	Schatten; negativ, finster
阴天	yīntiān	bedeckt
音	yīn	Laut, Ton
音乐	yīnyuè	Musik
音乐会	yīnyuèhuì	Konzert
应	yīng	sollen, antworten
应当	yīngdāng	sollen

应该	yīnggāi	sollen
英	yīng	Held(in), Großbritannien; englisch
英国	Yīngguó	Großbritannien
英文	Yīngwén	Englisch
英语	Yīngyǔ	englische Sprache
营	yíng	Lager; bewirtschaften, verwalten
营业员	yíngyèyuán	kaufmännische(r) Angestellte(r)
影	yǐng	Schatten, Abbild
影片儿	yǐngpiānr	Film
应	yìng	antworten, entsprechen
应用	yìngyòng	angewandt; anwenden
映	yìng	(wider)spiegeln
永	yǒng	für immer, ewig
永远	yǒngyuǎn	für immer
泳	yǒng	schwimmen
用	yòng	gebrauchen
用法	yòngfǎ	Gebrauch
用品	yòngpǐn	Gebrauchsartikel
邮	yóu	Post
邮局	yóujú	Post, Postamt
邮票	yóupiào	Briefmarke
油	yóu	Öl
油画	yóuhuà	Ölgemälde
游	yóu	schwimmen, reisen
游览	yóulǎn	Tour, Ausflug; besichtigen
游泳	yóuyǒng	schwimmen
友	yǒu	Freund(in)
有	yǒu	haben, es gibt
有抱负	yǒu bàofu	ambitioniert sein
有的	yǒude	manche
有点儿	yǒudiǎnr	manche; ein bisschen
有关	yǒuguān	betreffen; entsprechend, betreffend
有空儿	yǒukòngr	Zeit haben
有利	yǒulì	günstig, vorteilhaft
有名	yǒumíng	bekannt, namenhaft
有情人	yǒu qíng rén	Verliebte Pl.
有时候	yǒu shíhou	manchmal
有学问	yǒu xuéwèn	gelehrt, belesen
有意思	yǒuyìsi	interessant, bedeutungsvoll
又	yòu	erneut, wieder
又…又	yòu…yòu	nicht nur, sondern auch
右	yòu	rechts
右边	yòubian	rechts, rechte Seite
右面	yòumiàn	rechts, rechte Seite
于	yú	in, aus, von
鱼	yú	Fisch
鱼肉	yúròu	Fischfilet
鱼香	yúxiāng	„fischriechend", scharf
与	yǔ	und
雨	yǔ	Regen

语	yǔ	Sprache
语法	yǔfǎ	Grammatik
语文	yǔwén	Sprache und Literatur (als Fach)
语言	yǔyán	Sprache
语言学	yǔyánxué	Linguistik
语音	yǔyīn	Aussprache, Phonetik
育	yù	gebären, großziehen, erziehen
预	yù	vorher, im Voraus
预报	yùbào	Vorhersage
预习	yùxí	(Unterrichts)Vorbereitung
遇	yù	treffen
遇见	yùjiàn	treffen, begegnen
员	yuán	Mitarbeiter(in), Mitglied
园	yuán	Garten, Park
圆	yuán	rund
圆明园	Yuánmíngyuán	Yaunmingyuan-Park
远	yuǎn	entfernt, weit, fern; bei weitem
院	yuàn	Gehöft, Institut
院子	yuànzi	Hof
约	yuē	etwa; abmachen, vereinbaren
约会	yuēhuì	Verabredung, Termin
月	yuè	Mond, Monat
月份	yuèfèn	Monat
越	yuè	umso mehr; überschreiten
越来越	yuè lái yuè	immer mehr, mehr und mehr
乐	yuè	Musik
云	yún	Wolke
运	yùn	bewegen, transportieren
运动	yùndòng	Sport, Bewegung
运动场	yùndòngchǎng	Sportplatz
运动衣	yùndòngyī	Trainingsanzug
运动员	yùndòngyuán	Sportler(in)

Z

杂	zá	vermischt, diverse
杂文	záwén	Essay
杂志	zázhì	Zeitschrift
再	zài	wieder, nochmals
再见	zàijiàn	auf Wiedersehen
在	zài	in, bei, an; da sein
咱	zán	wir/uns (schließt den Sprecher und Angesprochenen ein)
咱们	zánmen	wir (beiden/alle)
早	zǎo	Morgen; früh, frühzeitig
早晨	zǎochén	Morgen
早饭	zǎofàn	Frühstück
早年	zǎonián	in jungen Jahren
早上	zǎoshang	Morgen
则	zé	Maßstab, Regel; (Zählwort)

择	zé	(aus)wählen
怎	zěn	was, wieso, warum
怎么	zěnme	wie, was
怎么样	zěnmeyàng	wie, wie stehts? wie wärs?
增	zēng	zunehmen, steigen, steigern
增加	zēngjiā	zunehmen, vermehren, steigen
增添	zéngtiān	zulegen, vermehren
展	zhǎn	Ausstellung; ausbreiten
展览	zhǎnlǎn	Ausstellung
展览馆	zhǎnlǎnguǎn	Ausstellungshalle
站	zhàn	Station; stehen
张	zhāng	(Zählwort); aufmachen
长	zhǎng	Chef; wachsen; älter
招	zhāo	winken, einstellen
招呼	zhāohu	grüßen
着	zháo	berühren; von … betroffen sein
着凉	zháoliáng	sich erkälten
找	zhǎo	suchen
找到	zhǎodào	(heraus)finden
照	zhào	leuchten, scheinen
照片	zhàopiàn	Foto
照相	zhàoxiàng	fotografieren
照相机	zhàoxiàngjǐ	(Foto)Kamera
着	zhe	(Verbalpartikel)
者	zhě	(Suffix)
这	zhè	der/die/das
这儿	zhèr	hier
真	zhēn	echt, wahr
整	zhěng	ganz, vollständig, ordentlich
整个	zhěnggè	ganz
整齐	zhěngqí	ordentlich
正	zhèng	gerade, senkrecht
正常	zhèngcháng	normal
正好	zhènghǎo	gerade recht
正确	zhèngquè	richtig, korrekt
正式	zhèngshì	offiziell
正在	zhèngzài	gerade bei… sein
证	zhèng	Ausweis; beweisen, nachweisen
证明	zhèngmíng	Bescheinigung, bestätigen
证书	zhèngshū	Urkunde, Zertifikat
之	zhī	(Strukturpartikel)
之间	zhī jiān	zwischen, unter
之中	zhī zhōng	unter
之一	zhī yī	eine(r/s) der…
支	zhī	(Zählwort); aufstellen
支持	zhīchí	unterstützen, aushalten
知	zhī	wissen, kennen
知道	zhīdào	wissen
知名	zhīmíng	bekannt

知识	zhīshi	Kenntnis
知识分子	zhīshi fènzǐ	Intellektuelle(r)
直	zhí	(kerzen)gerade, aufrecht
职	zhí	Beruf, Pflicht, Posten
职工	zhígōng	Belegschaft
职业	zhíyè	Beruf
职员	zhíyuán	Angestellte(r)
只	zhǐ	nur, bloß
只有	zhǐyǒu	nur, allein
址	zhǐ	Sitz, Adresse
志	zhì	Ambition, Annalen
致	zhì	senden, übermitteln
中	zhōng	Mitte, Zentrum
中餐	zhōngcān	chinesische Küche
中国	Zhōngguó	China
中国菜	Zhōngguó cài	chinesisches Essen
中间	zhōngjiān	zwischen, mitten, unter
中年	zhōngnián	mittelaltrig
中式	zhōngshì	chinesischer Stil
中文	Zhōngwén	Chinesisch
中午	zhōngwǔ	Mittag
中心	zhōngxīn	Mittelpunkt
中学	zhōngxué	Mittelschule
中药	zhōngyào	traditionelle chin. Medizin
钟	zhōng	Uhr, Glocke
种	zhǒng	Art, Sorte, Rasse, Samen
种	zhòng	(an)pflanzen, anbauen
种花	zhòng huā	Blumen pflanzen
重	zhòng	Gewicht; schwer
重点	zhòngdiǎn	Schwerpunkt
重要	zhòngyào	wichtig
周	zhōu	Umkreis, Woche, (Familienname)
周末	zhōumò	Wochenende
周围	zhōuwéi	Umkreis, Umgebung
主	zhǔ	Gastgeber(in), Eigentümer(in)
主持人	zhǔchírén	Moderator(in)
主人	zhǔrén	Herr(in)
主要	zhǔyào	hauptsächlich
住	zhù	leben, wohnen
住处	zhùchù	Unterkunft, Wohnsitz
助	zhù	helfen
注	zhù	Anmerkung; strömen
注意	zhùyì	achten; aufmerksam
祝	zhù	wünschen, gratulieren
著	zhù	Werk; verfassen
著名	zhùmíng	bekannt
著作	zhùzuò	Werk
专	zhuān	spezial
专业	zhuānyè	Fachrichtung

转	zhuǎn	wenden, wandeln, wechseln
装	zhuāng	Kleidung; schm□ken, laden
准	zhǔn	erlauben, genehmigen
准备	zhǔnbèi	vorbereiten
准时	zhǔnshí	pünktlich
桌	zhuō	Tisch
桌上	zhuō shang	auf dem Tisch
桌子	zhuōzi	Tisch
子	zǐ	Kind, Sohn; (Suffix)
字	zì	Wort, Schriftzeichen
字典	zìdiǎn	Wörterbuch
自	zì	selbst, seit, von
自然	zìrán	Natur; natürlich
自行车	zìxíngchē	Fahrrad
总	zǒng	immer, total, zusammen
总是	zǒngshì	immer
走	zǒu	gehen, laufen
走路	zǒulù	zu Fuß gehen
租	zū	Miete, Pacht; mieten
足	zú	Fuß
足球	zúqiú	Fußball
足球场	zúqiúchǎng	Fußballplatz
足球赛	zúqiúsài	Fußballspiel
祖	zǔ	Großeltern, Ahne
祖父	zǔfù	Großvater
祖国	zǔguó	Vaterland
祖母	zǔmǔ	Großmutter
最	zuì	am meisten; -est
最大	zuì dà	maximal, größt
最后	zuìhòu	zuletzt, schließlich, allerletzt
最近	zuìjìn	kürzlich; nächst
最小	zuì xiǎo	minimal, kleinst
昨	zuó	gestern
昨天	zuótiān	gestern
左	zuǒ	links
左边	zuǒbian	linkseitig; links
左面	zuǒmiàn	linke Seite, links
左右	zuǒyòu	mehr oder weniger, rund
作	zuò	machen
作家	zuòjiā	Schriftsteller(in)
作文	zuòwén	Aufsatz
作业	zuòyè	Hausaufgaben
作者	zuòzhě	Autor(in)
坐	zuò	sitzen, sich setzen
坐着	zuòzhe	sitzen
座	zuò	Sitz(platz); (Zählwort)
座位	zuòwèi	Sitzplatz
做	zuò	machen
做法	zuòfǎ	Vorgehensweise

练习答案
Schlüssel zu den Übungen

识字一	●	1. B	2. B	3. D		●	1. D	2. C	3. B
识字二	●	1. D	2. A	3. A	4. A/B	●	1. ABD	2. C	3. B
识字三	●	1. C	2. D	3. D	4. B	●	1. C	2. ACD	3. C
识字四	●	1. C	2. B	3. C	4. C	●	1. B	2. C	3. B
识字五	●	1. B	2. B	3. C	4. A	●	1. B	2. C	3. BC
识字六	●	1. A/B	2. B	3. C	4. C	●	1. CD	2. C	3. ABD
识字七	●	1. AB	2. AB	3. C	4. A	●	1. C	2. B	3. D
识字八	●	1. C	2. C	3. B	4. B	●	1. D	2. BCD	3. ACD
识字九	●	1. D	2. AD	3. C	4. C	●	1. C	2. B	3. B
识字十	●	1. C	2. C	3. B	4. D	●	1. B	2. C	3. C
识字十一	●	1. D	2. B	3. D	4. D	●	1. C	2. D	3. BD
识字十二	●	1. C	2. B	3. C	4. C	●	1. D	2. D	3. D
识字十三	●	1. B	2. D	3. D	4. D	●	1. C	2. D	3. D
识字十四	●	1. B	2. C	3. C	4. D	●	1. D	2. D	3. D
识字十五	●	1. C	2. A	3. C	4. B	●	1. D	2. B	3. C
识字十六	●	1. C	2. B	3. C	4. D	●	1. D	2. B	3. AD
识字十七	●	1. D	2. D	3. A	4. C	●	1. CD	2. C	3. B
识字十八	●	1. A/B	2. A	3. D	4. C	●	1. A	2. D	3. BCD
识字十九	●	1. B	2. D	3. A/B	4. C	●	1. C	2. D	3. A
识字二十	●	1. B	2. C	3. A	4. B	●	1. C	2. C	3. BC
识字十一	●	1. B	2. B	3. B	4. B	●	1. C	2. D	3. CD
识字二十二	●	1. D	2. D	3. B	4. A	●	1. AD	2. BC	3. C
识字二十三	●	1. B	2. D	3. C	4. D	●	1. D	2. BCD	3. B
识字二十四	●	1. A	2. D	3. D	4. D	●	1. C	2. C	3. B
识字二十五	●	1. A	2. CD	3. C	4. B	●	1. B	2. C	1. ABC

责任编辑：贾寅淮　陆　瑜
封面设计：禹　田

图书在版编目（CIP）数据

新编基础汉语. 识字篇. 集中识字：汉德对照/张朋朋著. —北京：华语教学出版社，2007
ISBN 978-7-80200-385-9

Ⅰ. 新… Ⅱ. 张… Ⅲ. 汉字-对外汉语教学-教材 Ⅳ. H195.4

中国版本图书馆CIP数据核字(2007)第122684号

《新编基础汉语·识字篇》
集 中 识 字
张朋朋　著
*
©华语教学出版社有限责任公司
华语教学出版社有限责任公司出版
（中国北京百万庄大街24号　邮政编码100037）
电话: (86)10-68320585, 68997826
传真: (86)10-68997826, 68326333
网址：www.sinolingua.com.cn
电子信箱: hyjx@sinolingua.com.cn
北京虎彩文化传播有限公司印刷
2007年（16开）第1版
2021年第1版第2次印刷
（汉德）
ISBN 978-7-80200-385-9
004900